정선아라리

정선아라리

2025년 9월 25일 초판 1쇄 인쇄 발행

지은이	심승섭
펴낸이	박종래
펴낸곳	도서출판 명성서림

등록번호	301-2014-013
주소	04625 서울시 중구 필동로 6 (2, 3층)
대표전화	02)2277-2800
팩스	02)2277-8945
이메일	msprint8944@naver.com

값 10,000원
ISBN 979-11-7439-029-5

본 책의 구성 및 맞춤법, 띄어쓰기는 작가의 의도에 따릅니다.
이 책의 저작권은 저자와 도서출판 명성서림에 있습니다. 무단 전재 및 복제를 금합니다.
이 책 내용의 일부 또는 전부를 재사용하려면 반드시 저자와 도서출판 명성서림의 동의를 얻어야 합니다.
파본은 구입처에서 바꾸어 드립니다.

정선아라리

심승섭 시집

도서출판 명성서림

작가의 말

　천년의 신비를 고이 간직한 아리랑의 고장 정선에서 태어났고, 그림처럼 아름다운 그림바위(화암) 마을이 고향입니다. 서울에서 바쁘고 분주하게 살다 보니 현실은 늘 어려웠습니다.

　퇴직 후 고향의 길을 걸었는데, 그림 바위 마을에서 겨울밤 호랑이가 내려온다는 설암을 지나 깎아지른 뼝대가 병풍처럼 펼쳐져 있는 눈부신 소금강 자락 한적한 오솔길입니다. 그 끝 절벽에 소나무 한 그루가 버티고 서 있는 곳이 예부터 나그네의 발길이 끊이지 않고 구름도 쉬어 간다는 몰운대입니다.

　그 절벽 아래로 흐르는 강물은 너른 반석을 어루만지고, 소금강 물길이 되어 용마소를 지나 정선읍 조양강이 되어 가장 아름다운 강변길을 따라 가면 동강이 되어 한강으로 흐르는 상류의 원천입니다.

그림 같은 고향!

우리나라에서 가장 오래된 전설의 정선 백전리 물레방아는 정선 아라리 가락이었습니다. 세계의 많은 사람들이 저마다의 사연으로 산티아고를 찾아 나름대로의 순례 길을 걷고 있습니다. 내 안의 산티아고가 몰운대 가는 길입니다.

100세 시대를 맞이하여 국내 처음으로 신설된 한국방송통신대학교 생활체육지도과를 1기로 졸업하였습니다. 학창시절 운동장에서 축구공을 차며, 하루 종일 뛰놀던 기억이 납니다.

미국의 너새니얼 호손(Nathaniel Hawthorne:1804~1864)의 「큰 바위 얼굴」을 읽으며 어린시절을 보냈습니다.

고향 집에서 눈 뜨면 보이는 거북바위가 아라리 시인의 호 구암龜巖이 되었습니다.

정선의 아름다움과 아라리의 전통을 현대적인 시로 표현하고 고향의 문화적인 유산을 널리 알리려 합니다.

전통 시, 현대 시, 세계여행, 인물 등 다양한 시를 쓰고 있고 테시형(테니스 치는 시인)으로 생활체육에서 축구, 골프, 테니스 등 운동하는 시인으로 활동하고 있습니다.
　오랜 세월 공직과 기업에서 인고의 세월을 보내면서 삶은 고통과 슬픔을 통하여 부활한다는 생각으로 성찰하며 살고 있습니다.

　어렵고 힘겨운 삶 속에서도 인생의 진리와 문화적인 힘을 실천하시고 「무에서 유를 창조하라」고 가르치신 심상대(로렌조)아버님과 자식을 위하여 헌신하신 류동일(아나다시아)어머님의 가없는 사랑에 대하여 시집을 바칩니다.
　등단을 이끌어 주신 류시호 교수님과 한국문학협회 박종래 이사장님께 감사드리고, 먼저 시인의 길 위에 계신 아리랑 시인 우화 심병섭(토마스) 형님께 고마움을 전하며 아내와 아이들과 기쁨을 함께하고 싶습니다. 감사합니다!

권두시

16 / 프란치스코 교황

1
엄마의 봄

20 / 엄마의 봄
22 / 진달래꽃
23 / 봄의 왈츠
24 / 사월의 눈
26 / 사월의 끝
28 / 봄의 추억
30 / 은하수
32 / 단풍
34 / 석모도
36 / 겨울아이
38 / 갈대

차례

2 꽃가마 타고 시집가는 나비

꽃가마 타고 시집가는 나비 / 40

아씨 / 42

옛 친구 / 44

AI 애인 / 46

어버이 날 / 48

직장의 신 / 50

꿈 찾아 가리 / 52

I am 진실예요 / 53

시월의 마지막 밤 / 54

도시의 무지개 / 55

3 정선아라리

- 58 / 정선아라리
- 62 / 몰운대 가는 길
- 65 / 설암의 겨울 밤
- 66 / 물레방아 아가씨
- 68 / 그림바위 아라리
- 70 / 용마소의 천렵
- 74 / 덕산기 계곡(마지막 비경)
- 76 / 아우라지 처녀
- 78 / 동강
- 80 / 동강할미꽃
- 82 / 화암약수
- 84 / 거북바위
- 86 / 용마소
- 88 / 화암동굴
- 90 / 화표주
- 92 / 설암
- 94 / 몰운대
- 96 / 광대곡廣大谷

차례

4 세계여행 〈죽기 전에 가봐야 할 곳〉

아, 그랜드 캐니언! / 100

영원한 사랑 「로마」 / 102

돌아오라, 소렌토로! / 106

파리의 영혼 / 108

화려한 5월, 동유럽의 추억 / 110

헝가리의 심장, 부다페스트! / 114

로맨틱가도의 보석, 로텐부르크 / 116

튀르키예 / 118

스페인의 태양 / 120

트로이 전쟁 / 122

알람브라 궁전의 추억 / 125

산티아고 가는 길 / 128

발칸의 부활 / 130

아드리아해의 진주, 두브로브니크! / 132

마추픽추 / 134

5 ─ 조조가 없는 세상, 평화가 왔는가?

140 / 지하철
141 / 좋은 아침
142 / 라떼는 말이야
144 / 나는 백수다
146 / 나는 자연인이다
149 / 조조가 없는 세상, 평화가 왔는가?
154 / 바다는 비에 젖지 않는다
156 / 멜라니 사프카(가장 슬픈 노래)
158 / 경주 불국사(잃어버린 수학여행)
160 / 잠실대교에서
162 / 우크라이나
164 / 라스푸티차

차례

6 스포츠

한국 축구 / 166
골프 / 170
테니스 / 172
파크골프의 하루 / 174
테시 형 / 176
백세인생 / 178
한국 프로야구, 영원한 그라운드의 서사시 / 180

7 대한민국 아라리

대한민국 아라리 / 185
연천 아라리 / 187
한성백제의 혼 / 190
제21보병사단, 백두의 깃발 / 192
제21보병사단 백두산부대 / 195
방이동 아라리 / 198
방이동 / 200
천주교 방이동 성당 (성모 승천 성당) / 201

평론

아리랑 시인 우화 심병섭(토마스) / 204

권두시

프란치스코(Francis, Jorge Mario Bergoglio) 전 교황
(1936.12.17. 아르헨티나 ~ 2025.04.21.)

프란치스코 교황

사랑의 언어로 모든 경계를 넘어
용기의 손길로 가장 소외된 사람들 마음속에
믿음의 걸음으로 두려움 없이 앞으로
금빛 궁전이 아닌 가난한 자의 집에
주님의 이름을 전하며

버려지고 잊혀 진 사람들에게
외로운 이웃의 손을 꼭 잡으며
침묵의 기도와 한없는 인내로
고통의 시간 속에서 눈물로 축복하며
희망을 전하는 메시지

철제 십자가 하나 가슴에 품고
허름한 구두를 신고 먼 길을 마다않고
세상의 끝으로 걸어가는 목자의 발걸음
겸손하고 서민적인 모습은 바람처럼 낮은 이름으로
청빈한 삶의 실천

이념의 벽을 넘어 마음을 이어주는
전쟁의 연기 속 불타는 상처를 어루만지며
평화의 손을 내미는 하나님의 사도
가장 낮은 자의 가장 높은 소리로
따뜻한 마음을 전하며

한반도의 사랑과 화해의 기도
전쟁을 향한 평화의 목소리는 하늘에 닿고
겸손의 길 위에서 간소화된 예식으로 향하신 임
삶은 사명이고 순례의 길을 걸으며 주님과 교회를 섬긴
프란치스코 교황.

1

엄마의 봄

엄마의 봄

영덕 푸른 바닷가
겨울의 찬 기운 떨치고
그리움의 파도가 밀려오면
해파랑 길 갯바위에 부서지는
햇살보다 따뜻한 물보라

길 위에서
기다림 끝에 만난 벗
슬픈 아픔을 잊고 찾아온
친구와 쪽빛바다 길을 걸으며
나누는 끝없는 옛 이야기

보고 싶은 바다
다정한 향기를 뿌리며
언제나 변함없이 들려주는
바람이 전해주는 낮은 목소리
눈물보다 먼저 다가오는 그리움의 물결

산들바람에
수줍게 피어오르는 미소
살며시 아지랑이 속삭이며
꽃보다 먼저 다가오는 당신
엄마의 봄.

진달래 꽃

겨울이
떠난 자리
차가운 바람에
피어나는 연분홍 빛

산들바람이
볼을 스치면
꽃잎도 살랑이며
노래를 부르고

기다림 끝에
살포시 찾아오는
설레는 마음 한 가득
오는 봄

지난 날
그리움 남기며
당신을 만나는 수줍은
진달래 꽃.

봄의 왈츠

아침 햇살 내리면
바람 끝에 꽃향기 퍼져
까치 소리 가득한 마을
봄이 눈을 뜨고

상큼한 바람 불어 오는
강물 위로 햇살이 반짝이고
노란 개나리와 분홍빛 진달래
춤추는 봄의 요정들

겨울을 지우는 햇살
가지마다 푸른 새싹이 돋고
아이들 웃음처럼 경쾌한
길을 가는 발걸음

붉은 하늘 아래
흐드러진 벚꽃 비 내리고
강물도 살랑이듯 노래하며
춤추는 화려한 봄.

사월의 눈

비바람 불고
눈보라 치던 날
엊그제 같은데
겨울이 멀어지며

개나리 피고
진달래 타오르며
목련화 고결한 자태
벚꽃이 흩날리는 날

긴 겨울이 남긴
마지막 속삭임
꽃잎 되어 춤추는
화려한 봄.

사월의 끝

봄은
살며시 왔다가
어느새 바람 되어
말없이 가버리고

창가에 앉아
나누었던 커피 한잔
따뜻하던 그 순간도
가버린 지금

못 잊어
한 줄기 빗물 되어
너의 이름 불러보는
조용한 오후

마음은
가슴 깊은 심연
꽃잎처럼 흔들리는 뜨락에
너를 묻으며

사랑
말 못 하고
떠 있는 붉은 빛
연분홍 해

화려한 벗 꽃
눈꽃처럼 흩날리는
찬란한 봄날의
사월의 끝.

봄의 추억

꽃은
저마다 피어나
봄바람에 살랑이며
춤을 추었고

젊은 날
눈부시게 빛나던 시절
마음도 꽃처럼 피었지만
머무르지 않는 시간

스쳐간
향기와 따스한 기억
잎새* 끝에 맺힌 이슬처럼
조용히 사라지고

지나간
봄날의 속삭임 속에
남은 건 그리움 하나
가슴 깊이 피어나면

햇살 가득히
환한 미소 짓더니
어느 날 비바람에
떨어지는 눈꽃.

* '잎새'는 '잎사귀'의 방언이었으나 2015년 12월 국립국어원에서 의미가 다른 것으로 보고 별도 표준어로 인정하였다.
  - 고려대한국어대사전

은하수

꽃바람 살랑이며
살며시 아지랑이 속삭이는 봄
고운 마음 가득 안고
기다리던 동구 밖

개나리, 진달래
활짝 핀 꽃길을 따라
기억 속 그대 향기처럼
뛰놀던 옛 동산

시냇가 개여울
손잡아 주던 징검다리
새끼손가락 걸며 띄워 보낸
하얀 종이배

은은한 달빛 내리면
조용히 손잡아 거닐던 호숫가
하늘 끝까지 닿을 듯이
꿈결 같은 노래

깊고 푸른 밤하늘
메밀꽃 하얗게 핀 들녘
은하수 건너면 만날 수 있을까
별빛이 쏟아져 내린다.

단풍

비바람 불고
태양의 뜨거운
입맞춤 속에서
끝내 지켜낸 고운 빛

천둥 울리고
세상이 흔들려도
조용히 불타오르는
단정한 마음

고요히 숨 쉬는
불타는 청춘의 계절
시월의 마지막 밤을 보내고
하늘을 바라보면

가을이
깊어 갈수록
가장 아름답게 물들어
빛나는 노을

찬바람 스치며
첫눈이 내릴 때까지
남아있는 마지막 불타는
심장.

석모도

섬 속의 섬
짧은 여정 속에
회색빛 도시를 벗어나
강화 너머 바닷길 따라
외포리에서 배를 타고 가면

하늘에는
갈매기 날아
손끝 과자를 물고
웃음처럼 스치는 날개
파란 하늘에 떠있는 즐거움

바다 내음
숨 쉬는 갯벌의 조개잡이
들녘에 일렁이는 황금물결
눈 감으면 보이는 풍경
염전의 하얀 소금 빛

보문사
하늘과 바다가 맞닿은 순간
눈썹바위 마애석불좌상에 기도하면
푸른 수평선 너머로 보이는
피안의 세계

민머루 해수욕장
갯벌체험장의 생태관광지
희귀 새인 저어새의 서식지
청춘의 젊은 향기로 손잡고 걸었던
파도가 밀려오는 백사장

저녁이면
노을 타는 바다
별빛이 내려앉는 밤하늘
옛 정취를 품고 있는
석모도.

겨울아이

깊고 하얀 밤
소리 없이 눈 내리면
그대의 숨소리 다가오는
따뜻한 향기

밤하늘 바라보면
하얗게 펼쳐진 은하수
함박눈이 끌어안으며
다가오는 입맞춤

겨울이 오면
순백의 사랑으로
눈을 감으면 보이는 풍경
그대 곁에 머물며

날아오는 흰 눈은
당신의 따뜻한 미소
눈길에 남겨진 발자국 따라
들녘의 남아있는 목소리

바람에 흩날리는
눈꽃이 춤추는 고요한 세상
마음속 깊이 새겨진 이름
새하얀 겨울아이.

갈대

안산 갈대 습지
시화호 정화용 생태공원
데크길 걷다 보면
우우우 호수가 우는 소리
가을이 노래한다

순천만 개펄 습지
갈대밭 들판
게, 짱뚱어, 참갯지렁이
아아아 아라*가 우는소리
갈바람이 노래한다

쓰임새 많은 벼과 식물
빗자루 빨대 수질정화
인간은 생각하는 갈대로
추억을 즐기며 살라고
하하하 웃는 소리
마루*가 노래 부른다.

* 아라: 바다 * 마루: 하늘

2

꽃가마 타고 시집가는 나비

꽃가마 타고 시집가는 나비

꿈을 꾸는 세상
긴 시간을 보내며
알에서 애벌레가 되어
깊고 어두운 밤을 지나고

버들가지 피어나는
얼음 아래 시냇물 흐르며
붉은 동백꽃 피는 봄날에는
기쁨 속에 날아가리라

힘들었던 지난날
수많은 의심과 고통 속에
"날 수 있을까?"
물으며 또 물었지

나래 펼쳐서
넓은 세상 향하여
푸른 하늘 높은 곳으로
날개 짓 하며 날아올라

꽃피는 봄날
화려한 꽃밭에서
춤추는 나비가 되어
꽃가마 타고 시집가는 날.

아씨

나비
춤추는 봄날
고운 꽃가마 타고
말 탄 서방님 따라
연지 곤지 찍고 시집가던 날

복사꽃
살며시 고개 들어
바람결에 흩날리고
흰 구름 한가로이 떠가며
기억조차 희미해지면

어느새
가버린 한 세상
저녁노을 빨갛게
물들어 돌아가는 걸음
옛날 발자국이 따라 오고

해가 지면
사랑과 그리움
눈물처럼 스며들고
길 위에 뻐꾹새 소리
한 맺힌 시간들을 적시는데

젊은 날
지나간 길 위엔
가슴에 남은 애틋한 마음
여전히 노을처럼 곱게 타오르는
아씨!

옛 친구

봄날에
꽃 댕기 곱게 맨
그 시절 같이 놀던
옛 친구

시냇가
고기잡이 하고
물장구치고 놀며
산머루 따던 작은 손

하루 종일
공차기 하던
학교운동장에는
빈 그네만 남아있어

기억은
하늘 저편으로
조용히 떠오르는
뒷동산에 펼쳐진 무지개

바람은
소리 없이
꽃잎 흔들며
흘러가는 흰 구름.

AI 애인

눈 뜨면
신문 보다
포탈 창으로
아는 세상 소식

미역국 없이
연금 공단에서
날아오는 문자
톡 톡 톡

사람 보다
톡이 어찌 아는지
까 톡 까 톡 까 톡
생일 축하 합니다

솥 밥은
구석기 유물
AI 애인이 다정하게 말하며
"여보, 라면 같이 할래요!"

누구나
혼자인 세상
컵라면에 떨어지는
하얀 눈꽃 송이.

어버이 날

어느
아들이
사 주려나
갈비탕 한 그릇

어느
딸이
사 주려나
냉면 곱빼기

어느
애인이
사 주려나
삼겹살에 소주 한 잔

누구도
믿지 마라
내 돈 주고 먹자
국수 한 그릇.

직장의 신

어제의 피로를 삼킨 채
지하철 문이 열리는 출근길
무표정한 얼굴들이 쏟아지며
오늘도 같은 하루의 시작

커피는 식어가고
메일은 쌓여만 가며
"가능할까요?"라는 말 속에
만들라는 뜻으로

점심시간에
삼천 원짜리 커피를 마시며
한 시간의 자유를 보내고
모니터 앞에 앉으면

해는 기울어 가고
지친 몸으로 퇴근 하면
"퇴사하고 싶다" 말 하지만
내일도 변하지 않고

월급날은 남아 있어
꿈은 더 멀어져 가고
돈 벌어 간다는 고향은
6시 내 고향으로 본다.

꿈 찾아 가리

희뿌연 새벽이 오면
잠이 덜 깬 도시를 지나
오늘도 걸어가며

무겁게 내려앉은 하루
정류장 앞의 익숙한 얼굴에
인사조차 무표정한 아침

언제부터일까
꿈보다 출근이 먼저가 되어
지하철 창문에 물어 보면

버티고 살아야 한다고
스스로를 애써 다독이며
또 하루를 시작 한다.

I am 진실예요

I am 사실예요
(…하지만 가끔은 숨겨요)
I am 진실예요
(…하지만 때때로 편집돼요)
I am 믿음예요
(…하지만 언제든 깨질 수 있어요)

I am 여자예요
(…하지만 '여자답게'는 뭐죠?)
I am 남자예요
(…하지만 '남자답게'는 또 뭐죠?)
I am 소망예요
(…하지만 대출은 안 됩니다)

I am 거짓예요
(…그런데 모두가 믿어요)
I am 사기예요
(…그런데 뉴스에 나오면 혁신이래요)
I am 사랑예요
(…그런데 가끔 영수증이 필요해요)

시월의 마지막 밤

분홍빛 진달래 피는 봄날
벗 꽃 흩날리며 춤을 추고
깊은 산골짜기 고갯마루에서
들려오는 아련한 뻐꾸기 소리

하얀 백사장에 내리는 고요한 달빛
물보라 치는 파도가 가슴에 닿으면
어느새 부서지는 바닷가 모래성
지난여름 거닐었던 발자국

붉게 타오르는 노을을 바라보며
석류처럼 빨개진 미소를 띠우고
편지 쓴 하얀 종이배를 띠워 보내던
노랗게 물든 은행잎 지는 호숫가

첫눈이 내리는 날 걷자고 하던 길
꽃피는 시절의 시간들이 머물고
눈물처럼 깊어 가는 가을 끝자락
그리움의 밤이 내려앉는다.

도시의 무지개

유리창 넘어 흐르는 불빛
제각기 찾아가는 회색 보금자리
바쁘게 스치는 얼굴들 사이로
또 하루가 저물어 가며

빨간 신호에 머무는 한숨
주황빛 노을에 스미는 피로
노란 불빛 아래 보이는 미소
초록빛 희망을 내미는 손

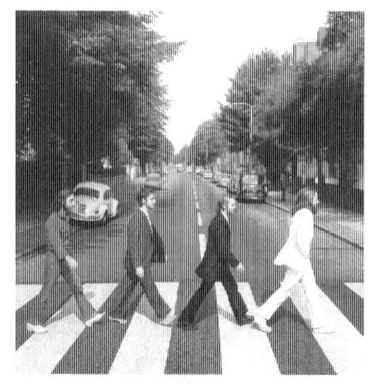

파란 새벽을 향해 일터에서
남색 어둠의 노동을 마치고
보랏빛 희망의 마음으로
아침이 오는 길을 나서면

비 내린 거리 어디쯤
카페에서 지친 몸을 기대어
한 잔 술에 살며시 물어 본다
무지개는 언제 뜨니?

3

정선아라리

정선아라리

아우라지* 정겨운 강물
애달픈 처녀와 뱃사공 사랑
뗏목에 실려 전설 되어 흐르고
임 따라 울어 주던 뻐꾸기 소리
세월이 흘러도 변치 않는 아라리 가락
아리랑 아리랑 아라리*요

백전리 물레방아*
첫사랑 언약하던 물방앗간
떠나간 낭군 돌아올 줄 모르고
헤일 수 없이 물레질하는 날에
애타게 임 부르는 아라리 소리
아리랑 아리랑 아라리요

몰운대* 정처 없는 나그네
그림바위* 들녘 메밀꽃 지나
소금강* 단풍에 취해 발길 머물고
설암*의 절경에 눈 내리는 밤마다
신화처럼 내려오는 호랑이 걸음
아리랑 아리랑 아라리요

굽이굽이 물길을 따라
가수리* 섶다리* 여울목에서
뼝대* 끝 바위틈에 피어난 동강 할미꽃*
칠목령* 하늘벽 바라보며 휘돌아 나오면
나루터 주막의 막걸리 한 잔
아리랑 아리랑 아라리요

하늘과 땅에서
그립고 보고픈 마음
구름 따라 강물 따라
그리움에 눈물짓는 아라리 가락
정 주고 떠나가는 한 깊은 소리
아리랑 아리랑 아라리요.

---

* 아우라지: 강원특별자치도 정선군 여량면 여량리에 위치해 있으며 강원도 무형문화재 제1호인 정선아리랑의 대표적인 발생지의 한 곳
* 아라리: 동부 지역의 대표적인 가창유희요로서 아리랑의 원천이 되는 노래

* 백전리 물레방아: 강원특별자치도 정선군 동면 백전리에 있는 물레방아. 백전리 물레방아는 국내에서 가장 오래된 물레방아로, 1996년 강원도 민속문화재로 지정되었다.
* 몰운대: 화암8경의 하나로, 수백 척의 암석을 깎아 세운 듯한 절벽으로 이루어져 있다. 절벽 위로 100여 명이 설 수 있을 만큼 커다란 반석이 펼쳐져 있고, 수령 500년이 넘는 소나무가 좌우 건너편의 '3형제 노송'과 함께 있다. 절벽 아래의 계곡에는 맑은 물이 흐르고, 절벽 위에 서면 깎아지른 듯한 붉은색 강안의 절벽 일부와 그 아래의 넓은 소가 물소리와 함께 어우러진다. 예로부터 구름도 쉬었다 간다고 할 만큼 경치가 뛰어나 시인 묵객들의 발길이 끊이지 않았고, 천상의 선인이 구름을 타고 내려와 놀다갔다고 전해지기도 한다.
* 그림바위: 화암은 마을 부근의 산이 마치 그림 같다고 하여 옛날부터 그림바위라 불렀다고 한다.
* 소금강은 화암팔경 중 제6경으로서 정선군 동면 화암 1리에서 몰운 1리까지 4km 구간에 백전리 용소에서 발원한 어천을 중심으로 좌, 우에 100~150m의 기암절벽이 있는데 그 기묘하고 장엄한 형상이 금강산을 방불케 한다하여 소금강을 보는 듯하다고 하여 소금강이라 부르게 되었다.
* 설암은 소금강의 대표적인 절경 가운데 하나이다. 바위 뒷면에서 보면 눈 덮인 모양으로 희뿌옇게 보인다고 하여 '설암'이라고 한다. 오래전 이곳에는 설암사라는 절이 있었는데 절이 없어지면서 이곳에 있던 금동불상을 월정사로 옮겼다는 이야기가 전해진다.
* 가수리: 마을 앞으로 지장천이 흐르고, 기암절벽이 있어 아름다운 풍경을 가지고 있다. 자연마을로는 수매, 북대, 갈매, 가탄, 유지, 하매 등이 있다. 수매는 자연경관과 굽이쳐 흐르는 강물이 아름다워 붙여진 지명이다. 가탄은 마을 앞 여울에 흐르는 물이 햇빛에 반사되어 주변 자연경관과 조화되어 매우 아름답다 하여 붙여진 이름이다. 가수리란 지명은 가탄과 수매의 이름을 따서 지어졌다. 옛날 여량, 정선 등지에서 출발한 뗏목이 이곳에 이르면 어려운 고비를 다 통과했다고 한다. 기온이 따뜻하여 이모작이 가능하고 감 재배가 잘된다.
* 섶다리: 강원도 정선 가수리 가탄마을의 '섶다리'다. 이 섶다리는 가수리 가탄마을에서 유지마을을 연결하는 50여미터로, 솔가지

와 흙을 이용해 전통방식으로 만들어져 자연의 멋을 살린 것이 특징이다.
* 뻥대: 바위로 이루어진 높고 큰 낭떠러지. 강원 지방의 방언이다.
* 동강 할미꽃: 영월과 정선 일대의 석회암 지역 바위틈에 피는 한국 특산 식물이다. 꽃이 하늘을 보고 피기에 일반 할미꽃과 다르며 색도 여러 색으로 핀다. 동강에 피는 꽃이라 하여 동강할미꽃이란 이름을 가졌다.
* 칠목령은 영월, 평창, 정선 세 군이 만나는 곳에 있으며, 전망대에서 보이는 동강의 장쾌한 물돌이는 우리나라 내륙에서 볼 수 있는 경관 중 가장 다이내믹하다.

[출처] 네이버 지식백과, 두산백과 두피디아

몰운대 가는 길

정겨운 고향
맑은 물 샘솟는
자연이 품은 신비
산골짜기 생명의 물줄기
영험한 畵岩약수*를 마시고

그림바위* 마을 지나
바람결에 메밀꽃 흩날리며
소금강* 단풍 붉게 타오르고
설암*에 흰 눈 내리는 겨울밤이면
전설처럼 내려오는 호랑이 발자국

험한 바위 뼝대*
절경이 빚은 자연의 예술
섬섬옥수로 수놓은 금수강산
백전리 물레방아* 아가씨 사연 들으며
솔향기 오솔길 따라 걸어가면

섬처럼 고운 풍경

소나무 절벽 위 몰운대

신선도 쉬어가는 너른 반석

구름을 품고 떠나는 아라리* 가락

굽이굽이 흐르는 시나브로* 강물

성 야곱의 순례길 닮은

산티아고 나그네의 발자국

정처 없이 걷던 삶의 길목에서

쉼 없이 쌓인 짐을 내려놓는

내 마음의 산티아고다.

* 畵岩약수: 강원특별자치도 정선군 동면 화암리 1에 위치한 물 맛 특별한 곳 화암팔경 중 하나로 꼽힌다.
* 그림바위: 강원도 정선군 화암면, 8가지 풍경인 화암팔경이 있다.
* 소금강: 소금강은 화암팔경 중 제6경으로서 정선군 동면 화암 1리에서 몰운 1리에까지 4km 구간에 백전리 용소에서 발원한 어천을 중심으로 좌, 우에 100~150m의 기암절벽이 있는데 그 기묘하고 장엄한 형상이 금강산을 방불케 한다하여 소금강을 보는 듯하다고 하여 소금강이라 부르게 되었다.
* 설암: 강원도 정선군 화암면에 위치한 화암팔경 중 6경

* 뻥대: 바위로 이루어진 높고 큰 낭떠러지. 강원 지방의 방언이다.
* 백전리 물레방아: 강원특별자치도 정선군 동면 백전리에 있는 물레방아. 백전리 물레방아는 국내에서 가장 오래된 물레방아로, 1996년 강원도 민속문화재로 지정되었다.
* 아라리: 아라리는 강원도에 밀집되어 있다. 동부 지역의 대표적인 가창유희요로서 아리랑의 원천이 되는 노래
* 시나브로: 모르는 사이에 조금씩 조금씩

설암의 겨울밤

눈보라
깊은 골짜기
달빛마저 숨죽이는
하얀 눈꽃이 내리는 밤

몰운대
구름 따라
바람이 불어오고
눈이 쌓이면

설경 속에
소금강이 깨어나며
눈 덮인 소나무 적막을 깨며
투두둑 투 둑 딱 부러지는 소리

깊은 밤
희미한 호롱불
도란도란 옛 이야기
설암의 겨울밤.

물레방아 아가씨

산골짜기 마을
백전리 물레방아
조용한 시냇물 따라
댕기자락 곱게 맨 아가씨
햇살이 가득 머무는 방앗간

흰 치마저고리
꽃향기 퍼지는 고운 손길
봄바람에 치맛자락 살랑이고
수줍은 눈망울로 바라보며
살며시 보이는 미소

정든 임 가시면
언제 오시려나 기다리며
첫사랑 맺은 정 마음에 담고
무심한 아라리 가락처럼
물레방아 돌아가는 곳

사랑은 그리움 되어
울어주던 뻐꾹새 소리에
하늘에 떠가는 흰 구름 바라보며
물결처럼 흩날리는 머릿결의
물레방아 아가씨.

그림바위 아라리

백두대간 정기 받아
구름 타고 흐르는 강
아름다운 산자락 아래
정겨운 고향 그림바위

거친 바람 헤치면서
천 년을 지켜온 소금강
고즈넉한 설암 달빛 아래
별빛 꿈을 속삭이며

華菴 약수 맑은 물
가슴 깊이 스며들어
거북바위 장수 기백
굳센 뜻을 새겨 주고

동해 붉은 해 솟아올라
희망 품어 빛을 뿌리니
바람도 쉬어 가는 곳
구름 머무는 몰운대

용마 소 푸른 물결
밤하늘 은하수 되어
영원토록 빛나리라
아리랑 아리랑 아라리요.

용마소*의 천렵

해 뜨면 학교운동장에
친구들 모여서 축구 하고
반두, 족대, 지렛대 챙겨 들고
강가로 고기잡이 나가면

윗 그림바위에서 시작하여
용마소를 지나고 개울을 따라서
북동 재 넘어가는 솔무더기 마을*까지
뜨거운 햇살에 땀 흘리며

물고기 숨어 있는 바위에
재빠르게 빈틈없이 반두를 대고
돌 고여 지렛대를 힘차게 일렁이면
투두둑 하고 반두 그물망 치는 소리

꺽지, 탱수*, 뚜구리*, 피라미까지
즐거운 고기잡이로 운수 좋은 날
용마소 반석 위에 자리 잡아
솥 걸어 놓고 어죽을 끓이면

초고추장 찍은 껄지 회
맨손으로 날것을 입에 넣고
"캬!" 소주 한 잔 하면
바로 여름은 이 맛이지

솥 열어 쌀 한 줌
깻잎, 고추, 파, 마늘에
깨끗이 손질한 물고기 넣고
감자 송송 썰어서 고추장 풀면

여름 날 오후
어죽 한 그릇의 즐거움
친구들 한바탕 웃음소리 들리는
용마소의 천렵.

* 용마소: 강원특별자치도 정선군 화암면 화암리에 있는 소. 화암리 그림바위 앞에 있는 연못으로, 화암약수 진입로 아래 500m 지점에 있다. 아기장수설화가 전해지는 대표적인 곳 가운데 하나이다.
* 솔 무더기 마을: 화암면 주민센터에서 정선 방면으로 약2Km지점. 소나무가 많이 있어 정선 사투리로 "솔 무데기"라고 말한다.
* 탱수: 명사 '퉁가리1'의 방언(강원)
* 뚜구리: 농어목 동사리과의 민물고기이다

덕산기 계곡(마지막 비경)

정선 깊은 산골
덕산기의 품에 안겨
병풍처럼 세운 층암절벽
높이 백 미터 넘는 바위의 침묵
수억 년 지각변동과 풍화작용으로
부르는 말 없는 노래

숨어 있는 마을
돌과 물의 속삭임은
은둔의 땅에서 들려오는
하늘이 울려주는 북소리처럼
한낮을 울리며 40미터 높이로 쏟아지는
신비스러운 용소폭포

낙모암 누운 여인의 형상
산바람에 머리카락 흩날리고
석불암 부처님처럼 앉은 모습
나그네의 지친 마음을 어루만지며
유유히 흐르는 물길과 계곡을 따라가면
한낮의 여유로움에 쉬어가는 길손

고운 돌바닥으로
물 흘러내려 냇가를 이루고
하늘 아래 아름다운 숲을 이루고
한 편의 시詩가 되어 흐르는
마지막 비경이라 불리는 곳
덕산기 계곡.

아우라지 처녀

아우라지 강물
그리움 실은 나룻배
달빛에 비친 처녀의 댕기자락
물안개 속에 사라지면

고운 별빛 내리며
애달픈 마음 비추고
마주 잡지 못한 손에
깊은 밤 지새우며

임 그리는 마음
울어주는 뻐꾹새 소리
구슬프게 노래하는 아라리 가락
이슬처럼 떨어지는 눈물

시간이 흘러도
못 잊어 보고픈 사랑
가슴에 남은 그리운 정
아리랑 아리랑 아라리요.

동강

눈
뜨면
험한 뼝대*
피어나는 한 송이
동강 할미꽃

고향을
떠나올 때
쉬어가는 곳
흰 구름 머무는
칠목령 고개 마루

꺽지
탱수
뚜구리*
쏘가리 잡는
강가의 나룻배 하나

달빛

출렁이는

마음의 물결

산을 따라 휘 돌아 나가는

고향의 강.

* 뼝대: 명사 바위로 이루어진 높고 큰 낭떠러지. 강원 지방의 방언이다.
* 탱수: 명사 '퉁가리'의 방언(강원)
* 뚜구리: 명사 동사리는 삼척 지역 방언으로 뚜구리라 부른다.

동강할미꽃

그림바위 절경
맑은 용마소 물길
정선 읍내 조양강 흘러
아름다운 강변길 따라
가수리 섶 다리 지나면

뼝대
바위 틈
바람 머무는 곳
강물의 속삭임 따라
조용히 피어나는
하나의 꽃

꽃잎은
하늘을 향하여
흰 털 두른 몸짓
자줏빛, 분홍빛, 흰빛으로
봄의 경치를 노래하고
나비 춤추며

할미 손 같이
아픔 속에서도
굽은 줄기 위로
하늘을 바라보며
생명의 강이 흐르며
빛을 향해 피어나는 꽃

정선의
양지바른 돌 틈
오직 이 땅에서만 피는
할미의 다정한 봄의 손길
하늘을 닮아 노래하는
동강할미꽃.

화암약수

아라리 고장 정선
맑은 물 샘솟아 나는
그림바위 산골짜기
영험한 약수

청룡과 황룡이 꿈에서
하늘로 솟구쳐 오를 때
땅이 열리고 샘이 솟아
신비한 물길을 열고

붉은 빛 철분 물
생명이 다시 깨어나고
위장, 피부, 마음까지
한 모금에 씻어주는

바위틈을 흐르는 물
전설을 이어온 약수의 맥
자연이 품은 신비 속에
생명의 물줄기 華庵약수*

* 華庵약수: 화암팔경 제1경

거북바위

그림바위 고장
험한 뼝대 위에
묵묵히 앉아 있는
바위 하나

높은 곳에서
남서쪽을 바라보며
하늘을 이고 땅을 안고
묵묵히 세월을 지키며

흰 구름 흐르고
바람이 불어오는 곳
누군가 와서 손을 얹고
소원을 빌고 가면

지성을 다하여
무병장수의 축복을
근심을 안고 온 이에게는
행운을 불어주고

변함없이
길을 비추고
마을을 지켜주는
수호신 거북바위.*

* 거북바위: 화암팔경 제2경

용마소

거북바위 지켜보는
그림바위 맑은 강물
바람 불고 햇살이 춤추며
힘차게 물길 흘러가는 곳

하늘이 내린 옥동자
두려움 속에 사라진 빛
그를 찾아 울던 용마는
이곳에 몸을 맡기고

진달래 꽃 피어
희망과 용기가 시작 되는 곳
넓은 세상을 향해 나아가는
용마소* 강물

여름철 찾아오는
천혜의 자연 휴양지
그늘진 너른 반석 펼쳐진
시원한 마음의 쉼터.

* 용마소: 화암팔경 제3경

화암동굴

깊고 어두운 땅속
캄캄한 침묵 속에서
바위타고 흐르는 물방울
억겁의 시간이 빚어낸 세계

채굴의 흔적이 남은 자리
한때는 금맥을 찾던 천포광산
자연은 다시 숨을 쉬며 나타난
황홀한 대자연의 신비

어린 시절 관솔불 만들어
친구들 끼리 동굴 탐사 갔다가
고립된 친구 찾아 비추던 불 빛
환하게 촛불 밝히던 날

금 도깨비 동화의 나라
한국 최대의 석회암 동굴
동양 최대의 붉은 유석 폭포
거대한 석순이 우뚝 서 있는 곳

금 캐는 광산이
미래를 품은 공간이 되어
동굴 속 신비를 만나려고
이곳을 찾아오는 세상

어둠에서 빛으로
자연과 역사가 만나는
시간을 넘어 다시 태어난 곳
억겁의 세월을 품은 화암동굴*

* 화암동굴:
  화암팔경 제4경

화표주

세상 근심 없이
신선이 내려 앉아
유유자적 바둑을 두는
높이 솟아난 기암절벽
안개가 감싸는 바위 끝

흰 돌
검은 돌
천천히 놓이는 수마다
구름 따라 바람 춤추는
다툼과 욕심이 없는 공간

신틀을 걸고
짚신을 삼으며
샘물 한 모금에
천년의 시름도 가벼워지는
시간이 멈춘 곳

바람과
구름을 벗 삼아
세월이 흘러도 변함없는 바위
세상에 초연한 진정한 낙원
화표주*

* 화표주: 화암팔경 제5경

설암

먼 옛날
호랑이가
달빛 흐르는
깊은 밤 설암
눈꽃 수놓으며
하얀 눈길을 따라
신화처럼 내려오는 걸음

오래전
예쁜 새아씨
시집 와서 살던
언덕 위 오두막집
흔적 없이 수풀만 무성하고
전설처럼 내려오는 초가삼간
지렁이 굽이*

험준한
뼝대 마다
거친 바위에
감추어 두었던

작은 소금강 자락
눈부신 설경에 잠들면
한밤에 소나무 부러지는 소리

눈보라
쌓이는 바람 속
시간마저 잠드는 곳
은빛 세상은 숨죽인 채
흰 눈 내리는 바위아래
옛날이야기 들려오는
설암.*

* 지렁이 굽이 : 화암면 주민자치센터에서 몰운리 방향 2Km 지점. 현재 소금강 전망대 위치 왼편에 초가집 오두막에 예쁜 새 아씨 시집와서 살았습니다. 지금은 흔적도 없이 사라진 이곳의 지명은 정선 사투리로 "지레이 구베"라고 하였습니다.(아라리 시인 구암 심승섭 사도요한)
* 설암: 화암팔경 제6경

몰운대

구름 타고
신선이 내려와
시 한수 노래 한 가락
가객의 향수 머문 자리
흥에 겨워 춤을 추고

길 떠난
나그네 걸음
소금강 물길 따라
한적한 산길을 걸어가노라면
날아오는 메밀꽃 향기

바위에 새겨진 혼
달빛이 내리는 들녘에
정처 없는 발길이 머물고
어디선가 무심하게 들려오는
정 깊은 아라리 소리

바람이 불어오는 곳
살아가는 치유도 사치
한적한 숲속의 하얀 민들레 길
젊은 날 마음의 위로
몰운대 꿈이 깃든다.

광대곡廣大谷

설암과 소금강을 지나서
화암팔경 몰운대 둘러보고
왼쪽으로 물길을 따라가면
청량한 기운 계곡을 감싸고
바람결에 산길을 오르면

정선의 개마고원
하늘 보이는 동네 건천리
큰 벌판으로 배추 농사 짓고
냇가에 물이 없는 바닥이지만
홀연히 나타나는 물줄기 따라가면

은빛 물결 따라서
구불구불 흐르는 골짜기
바가지 소, 골뱅이 소 반기며
맑은 물에 마음을 씻고 오르면
시원한 폭포수 쏟아져 내리는
영험한 영천폭포

나그네 발길

신비한 계곡 따라

낭만처럼 머무는 곳

숨어있는 자연의 아름다운 비경

그림바위 팔경 백미

광대곡廣大谷.*

* 광대곡(廣大谷): 화암팔경 제8경

4

세계여행
- 죽기전에 가봐야 할 곳 -

아, 그랜드 캐니언!

신이 빚은 불가사의 억겁의 혼
태초의 손길이 새겨진 골짜기
바람과 시간이 빚어낸 신비의 벽
황홀한 색으로 빛나는 수억 년

대협곡의 절묘한 조화
깎아지른 절벽의 빼어난 장관
깊은 계곡과 다채로운 빛깔의 바위
태고의 기억으로 힘차게 굽이치는 콜로라도 강

신이 선택한 자만이 갈 수 있고
자연이 허락해야만 볼 수 있는 곳
비구름 걷히고 빛이 내리며 다가선 순간
숨 막힐 듯이 펼쳐진 장엄한 아름다움

경비행기로 하늘에서 내려다보면
보고도 표현할 수 없는 그랜드 캐니언
보지 않고서는 표현할 수 없는 그랜드 캐니언
대협곡의 살아 숨 쉬는 생명의 신비로운 풍경

천상의 세계에서 바라보는 세상
깎아지른 절벽이 만들어낸 수직의 선
시간의 흔적이 남긴 수평의 줄무늬
어떤 예술 작품보다 완벽한 구도의 아름다움

하늘을 새처럼 날면서 어떻게 살았는지
삶의 고민과 걱정도 함께 날려버리고
그 순간 어렵고 힘들었던 시간들은 잊고
구름위에 떠있는 삶의 존재만으로 충분한 이유

인간이 만들 수 없는 시간의 조각
대자연의 영원한 비밀은 간직한 황홀한 지구
죽기 전에 가봐야 할 곳 1위, 그랜드 캐니언
죽기 전에 반드시 다시 가야 할 곳.

영원한 사랑 「로마」

프롤로그
로마
사랑과 낭만의 수도
세계를 지배했던 위대한 로마 제국
'모든 길은 로마로 통 한다'는 말처럼
로마는 과거와 현재 그리고 미래를 잇는
수천 년의 시간을 넘어 여전히 빛나는 도시
수많은 이들이 이곳에서 자신의 이야기를 새기고
한 편의 영화처럼 발자취를 따라 걸으며
로마라는 거대한 무대 위에 서 있다

제1막: 시간을 거슬러, 로마에 서다
로마에
첫발을 내딛는 순간
시간은 멈춘 듯 흘러가고
공기는 고대의 향기가 흐른다

포로 로마노(Foro Romano)
로마의 시작
제국의 심장부

폐허가 된 기둥과 신전들이
오래된 서사시를 말하며 서 있고
한때 수많은 연설과 정치적 결정이
이루어졌던 광장에서 눈을 감고 상상해 보면
"이곳에서 황제들은 어떤 꿈을 꾸었을까?"
정치, 경제, 사회, 문화, 로마 제국의 개혁가
인류 최초의 카피라이터이며 만능 엔터테인먼트
세계사의 시작이며 역사의 주인공 율리우스 카이사르의
"왔노라, 보았노라, 이겼노라!"라고 외치던
음성이 들려오는 듯하였다
비 내리는 오후 카이사르의 무덤에 누군가 올려놓은
붉은 장미꽃 한 송이
로마의 거리에는 역사와 예술 그리고 살아 숨 쉬는
이야기들이 곳곳에 녹아 있다

제2막: 로마, 사랑에 물들다
로마(Roma)를 거꾸로 하면
아모르(Amor)가 되며 라틴어로 '사랑'을 뜻하는
이 단어는 로마가 지닌 운명과도 같다

스페인 광장 & 스페인 계단
로마의 휴일에서 오드리 헵번이
아이스크림을 들고 미소 짓던 스페인 계단
낭만을 품은 여행자들이 그 장면을 떠올리며
한 계단씩 올라서는 순간 로마는 사랑이 되고
우리는 사랑의 일부가 된다

트레비 분수
전설에 따르면
이곳에서 동전을 던지면
다시 로마로 돌아올 수 있다고 하여
푸른 물결 위로 떨어지는 동전은
이곳을 찾는 모든 이들의 소망과 약속이 되어
빛나는 추억으로 물결 속에 잠기고
다른 한 손에는 사랑을 품고
로마는 그렇게 우리들의
가슴속에 남아있다

제3막: 영원의 도시, 로마
해질 무렵

콜로세움에서 맞이하는
황혼의 석양은 붉은 빛으로 물들어 가고
검투사들의 함성과 군중들의 환호가 가득했던 곳
지금은 조용히 시간을 간직하고
저녁의 평온 속으로 저물고
로마에서의 하루는 그렇게
한 편의 장대한 영화처럼 주인공이 되어
끝없는 골목과 광장을 누비며
자신만의 이야기로 남긴다

에필로그: 로마, 영원한 사랑
로마는
사랑이고
역사이며
영원한 이야기
고대와 현대가 공존하는 이곳의
추억은 또 하나의 서사시가 되어
트레비 분수에 던진 동전처럼
로마로 돌아올 것이다.

돌아오라, 소렌토로!

푸른 바람이 머무는 곳
바다와 하늘이 맞닿은 그곳에
푸른 물결 위로 햇살이 반짝이고
모든 것이 자연스럽고 자유로운
태양이 춤추는 지중해의 품

파도는 은빛 포말을 일으키고
절벽 위 올리브 나무는 노래하며
하늘과 바다가 맞닿아 있는 신들의 길
수많은 문학가와 예술가들에게 영감을 준 장소
인간과 자연이 하나가되어 돌아오라 말하는

"Torna a Surriento"
그 선율이 바람을 타고 흐르면
그리움은 파도를 넘어 가슴에 닿고
높은 언덕에 서면 아득한 수평선으로
두 팔을 벌려 안아주는 풍경

가장 아름다운 해안도로
가장 놀라운 광경에 도취 되어 달리는
절벽을 깎아 만든 아름다운 아말피 해안
이곳은 언제나 당신을 위한 안식처
돌아오라, 소렌토로!

파리의 영혼

파리의 연인
유럽의 뜨거운 심장
사랑과 예술과 낭만의 도시
이름만 불러도 가슴이 떨리는 곳
시간마저도 사랑에 빠지는 곳

강변의 반짝이는 불빛을 따라
미라보 다리 아래 세느강이 흐르고
흘러가는 시간속의 옛 추억 들이
바람처럼 스쳐가는 다정한 밀어
잊혀 진 사람의 기억

1889년의 강철 빛
하늘을 찌르는 에펠탑
오늘도 빛나고 있는 꿈
그 위에서 내려다보는 파리
마치 한 폭의 그림 같은 도시

루브르 박물관
영혼이 머무는 곳

"어서 오세요."
천 년을 넘어온 모나리자의 미소가
나를 맞이하듯 따뜻한 환영이 들려오며
비너스의 모습은 시간을 잊은 채 아름답고
예술은 숨 쉬고 영혼은 자유로워지며

몽마르트르
낭만이 깃든 언덕
카페 한편에 앉아
진한 에스프레소 한 잔 마시면
거리의 화가들이 초상을 그려주는
시간이 머물러 있는 이곳에서
영원의 일부가 되어
파리는 사랑이고
예술이며
혼이다.

화려한 5월, 동유럽의 추억

5월의 바람
향긋한 햇살
발걸음이 닿은 그곳은
가족과 함께 떠난 찬란한 순간
시간을 건너 만난 화려한 동유럽

비엔나 벨베데레 궁전의 웅장한 바로크 양식
몽환적인 분위기가 인상적인 구스타프 클림트의
'키스'
미라벨 정원은 꽃으로 장식된 화단들이 빛나고
영화 사운드 오브 뮤직에서 마리아와 아이들이
유명한 '도레미 송'을 불렀던

구름 사이
햇살 한 줄기
동화 같은 풍경을 자아내는 짤즈캄머굿
오스트리아 최고의 비경을 자랑하는 할슈타트
아름다운 비취색 볼프강 호수

천년의 역사
부다페스트에서
시간마저 감탄하는 어부의 요새
다뉴브 강을 바라보는 순간은
진주보다 값지며

폴란드에서 슬로바키아로
넘어가는 타트라 국립공원의
민들레와 유채꽃이 펼쳐진 들판은
자연의 아름다움과 감동으로
여행의 지친 마음을 다독여주었고

프라하의 연인
천문시계 아래에서
시간을 기다리던 자리
바츨라프 광장은
사랑으로 물들고

로맨틱 가도
로텐부르크에서

퓌센까지 낭만의 길
중세의 거리를 걷는
로텐부르크의 골목길
디즈니랜드 성의 원조 모델
노이슈반슈타인성의 눈부신 자태
하늘을 찌를 듯 우뚝 솟은 탑들은
마치 백조의 날개처럼
고요한 꿈을 품고 있다

테네스베르크
독일의 이름 없는 산간 마을
새들의 노래와 황혼의 고요
그 순간을 가슴에 담고
가장 아름다웠던 5월
화려한 동유럽!

헝가리의 심장, 부다페스트!

도나우 강 양쪽으로 펼쳐진
북서부 평야 위의 찬란한 도시
부다와 페스트가 손을 맞잡은 곳
그 이름은 바로 부다페스트

푸른 다뉴브 강이 흐르는 언덕
시간마저 감탄하는 어부의 요새
로마네스크와 고딕의 품에서
역사의 혼이 살아 숨 쉬며

1899년에서 1905년
왕궁 언덕을 지키는 빛나는 성곽
흰 벽돌 위로 세월이 내려앉고
아름다움이 그 자리를 지키며

세체니 다리
사슬처럼 빛나는 밤의 길
도시를 처음으로 이어주며
사자 넷이 웅크린 채 지키는
세체니 백작의 꿈에서 태어나

스코틀랜드 기술자의 손길로 완성된
도나우강의 첫 다리

혀 없는 사자상이
전해주는 전설처럼
"돌사자가 울면 결혼할게,"
"돌사자가 울면 아파트 사줄게,"
인천 바다에 배 들어오면
다이아 반지 끼워 줄게 라는
웃음 섞인 한국사람 말처럼
연인들의 사랑도 흐르는
다뉴브 강처럼 이어지는
부다페스트.

로맨틱가도의 보석, 로텐부르크

꿈길
350km
한 걸음 걸음마다
사랑이 꽃 피는 도시
돌길을 걷는 것만으로도
마음이 따뜻해지는 이곳
낭만이 포근하게 스며들은
중세의 시간을 품은 골목마다
오래된 집들이 있는 작은 광장
마치 동화 속 한 장면처럼 다가오며
행복은 멀리 있지 않다는 걸
알려 주는 곳

캐테 볼파르트 에서는
반짝이는 오너먼트들이 말하며
"오늘도 당신의 하루가 축제이기를."
일 년 내내 크리스마스의 기적 이 펼쳐지는
유럽 최대의 크리스마스 상점

낭만의 도로
손잡고 사랑하는 사람과
추억을 만들고 싶은 계절
로맨틱 가도를 달려 보자
죽기 전 가장 아름다운 도로
당신을 기다리는 중세의 작은 기적
뷔르츠부르크에서 퓌센 까지
끝없는 감성을 따라가는
로맨틱가도의 시작점
로텐부르크.

튀르키예

제국의 신화
동, 서양이 만나는 땅
전설과 역사가 숨 쉬는 곳
트로이 전쟁 최고의 전사
아킬레우스의 함성이 들려오며

에페소 원형극장의
바람은 오페라 선율을 따라
히에라폴리스의 아르카디아 거리를
황제가 되어 클레오파트라와 손잡고
상상을 하며 걸어보는 기쁨

이스탄불의 영광
성 소피아 성당의 돔은
두 종교의 시간을 끌어안고
블루 모스크의 푸른 타일은
들려오는 기도의 속삭임

끝없는 수평선
평화의 노래를 부르며

유럽과 아시아가 손잡고
흑해와 지중해를 연결하는
보스포루스 해협

어린 날의 꿈
눈 내린 카파도키아에서
열기구를 타고 하늘을 오르고
지상으로 내려와 마시는 체리 와인
형제의 나라 튀르키예.

스페인의 태양

스페인
너는 자유다!
태양보다 뜨겁고
하늘보다 푸르른 혼을 지닌 땅
바르셀로나의 중심에서
하늘을 찌르는 탑하나

1882년 봄날
돌에 믿음을 새기고
빛으로 시간을 쌓아 올리며
열두 제자의 이름으로 기도하며
하늘에 새겨지는 성가족 성당
가우디는 꿈을 지었다

멈추지 않는 손
성금의 손길 따라
돌 위에 돌을 얹었고
폭탄과 전쟁이 짓밟은 날에도
그의 도면은 불 속에서 살아남아
성당은 아직도 완성되지 않았다
그래서 더 아름답다

가우디
신의 손
스페인의 혼
심장은 멈췄지만
바르셀로나의 상징
옥수수 탑처럼 뾰족한 외벽
성가족 성당의 벽을 쌓는
인간의 위대한 기다림

스페인의 시간은
과거와 현재 그리고 미래
멈추지 않는 믿음으로
조용히 그 꿈을 건축 한다
너는 완성되지 않아도
스페인, 너는 자유다!

트로이 전쟁

바다의 여신 테티스의 혼례 날
신들의 잔칫상엔 불청객 하나
불화의 여신 에리스가 황금 사과를 던지고
"가장 아름다운 자에게 "라는 독백으로

헤라의 권력
아테나의 지혜
아프로디테의 사랑
세 여신의 자존심은 하늘을 찔렀고

트로이의 왕자 파리스가 판결을 내리면
"세상에서 가장 아름다운 여인을 주겠다."
그 유혹에 이끌려
아프로디테의 손을 든 파리스

그 순간부터 전쟁의 씨앗이 시작하여
스파르타의 왕비 헬레네를 데려간 파리스의 선택
스파르타의 왕 메넬라오스의 분노는
형제의 복수를 불러내고

메넬라오스와 아가멤논
그리스의 왕들과 영웅들
아킬레우스와 오디세우스는
운명의 소용돌이 속에 뛰어 들고

헥토르의 창끝에 빛나던 용기
아이네이아스의 신념
신들도 인간도 함께 피 흘리며
열 해를 가로지른 피비린내 나는 전쟁

그리고 오디세우스는 웃으며
성 안으로 들어온 한 마리 목마의 계략으로
트로이는 승리를 꿈꾸며 잠들었고
새벽에 문이 열리고 검은 파도가 밀려오며

불타는 탑과 무너지는 성벽
여신 한 명의 시샘에서 시작된
이 거대한 비극은 그렇게 끝나는
트로이 전쟁.

알람브라 궁전의 추억

그라나다의 언덕
시간의 베일을 걷고
붉은 성벽 사이로
실려 온 향기의 노래

알람브라
슬프도록 아름답고
신비한 전설로 가득한 궁전
사자들이 물을 머금은 분수의 뜰

고요한 물결 따라
아라베스크의 선율이 흐르고
빛은 기둥 위에 수를 놓은
유수프의 연못

무하마드의 회랑을 따라
두 자매의 방에서
달빛은 천장을 쓰다듬는
살아 있는 문양

기둥 하나
아치 하나마다
손끝으로 새긴 정성과
믿음의 흔적

정복과 몰락
슬픔의 바람이 스쳐갔어도
아름다움은 무너지지 않은
이슬람의 마지막 추억

시간을 넘어
장식처럼 섬세한
한 송이 정적의 꽃
알람브라 궁전.

산티아고 가는 길

별들의 길
바람이 불어와
한 시대를 끌어안는
먼 옛날의 발자취가
땅 위에 소리 없이 피어나며

성 야고보의
고독, 믿음, 사랑
꿈을 따라 삶의 짐을 지고
길은 언제나 조용히 받아주며
순례자들은 별빛 아래 걸어가고

프랑스의 작은 마을
생장 피에드포르에서
낯선 설렘으로 떠나는 첫 발
하늘과 땅이 한 몸이 되는 순간
사람은 스스로를 다시 만나며

피레네 산맥의
우거진 숲과 스텝 평원
깊은 계곡과 뾰족한 산맥
다양한 자연 풍경을 보고 걸으면
800 킬로미터의 침묵과 대화

수많은 이별을 하며
길 위에 수많은 고백이 있고
돌담 하나에도 기도가 깃들고
나무 그림자마다 사연이 전해지며
끝은 어쩌면 시작

별들은 여전히 춤추고
산티아고의 종소리가 멀리 울릴 때
마음은 이미 다시 길 위에 있고
길은 또다시 누군가를 부르는
산티아고 데 콤포스텔라.

발칸의 부활

아드리아해의 진주
붉은 노을이 물들면
빨간 지붕의 물결을 보며
두브로브니크의 성벽을 걸으며
바라보는 에메랄드 바다 빛

숲의 노래
바람에 실려
녹색의 호수 위로
요정이 춤을 추는
플리트비체 국립공원

동화 같은 마을
물레방아 돌아가는
수백 갈래의 폭포가 쏟아져 내리는
천사의 머릿결이라 불리는 마을
라스토케

블레드
천국의 섬

천국의 계단
천국의 성
천국의 호수

메주고리예
성모님 발현지
바람조차 기도하는
청동 예수님 무릎 아래
조용히 흐르는 성수 한 방울
고통의 시간을 품은 땅 위에서
삶은 슬픔과 고통 속에서 부활하는
참회와 성찰의 시간
발칸의 부활.

아드리아해의 진주, 두브로브니크!

성벽 위로
햇살이 춤을 추고
발걸음 닿는 곳마다
붉은 지붕에 시간이 머무는
아드리아해의 진주

지중해 바람은
귓가에 속삭이고
삶이 예술이 되어 흘러가는
골목마다 피어난 중세의 향기
종소리 사이로 들리는 웃음소리

성벽을 따라
2km의 길 위에서
파도는 바다에서 속삭이고
하늘은 짙고 바다는 깊게
그대를 포근히 감싸는

달빛 아래의 재즈
지난 여름의 축제와

스쳐 오는 바다 내음
꽃보다 누나처럼 다정한 기억이
조용히 가슴에 내려앉으며

햇살과 삶
사랑과 음악
성곽 안팎에 녹아든
진정한 낙원의 이름
두브로브니크.

마추픽추

잉카의 혼
잉카의 피
태양의 도시
안데스의 구름 사이
바람조차 경배하던 성역
천년의 침묵 속에 잠든 전설
바위의 왕국은 고요히 숨 쉬며

공중의 계단
하늘을 닮은 축조
말이 닿지 않는 절벽 위
손끝으로 쌓은 신의 솜씨
그곳에 1만의 영혼이 살았고
여인들은 별빛 아래 묻혔으며
노인들의 지혜는 돌로 새겨지고

코차밤바
리오밤바
우루밤바
밤바라 일컫는

안데스의 노래들
황톳빛 강물이 전하는 이야기
무너진 제국의 찬란한 기억

쿠스코에서
출발한 철마가
굽이굽이 산맥을 넘어
잉카의 전설이 흐르면
플라밍고가 노는 호수에서
라마의 눈동자에 비친
마추픽추의 환영

1911년
한 외지인의 시선에
세월의 풀에 묻힌 돌이
태양 아래 다시 깨어나며
면도날조차 허락지 않는 정교한 석축
361톤 거석도 거뜬히 다룬 신기
구리를 쇠처럼 제련한 장인정신

제국은 무너지고
바위에 새긴 슬픔은
사랑과 전설을 남기고
더 깊은 산 어둠 속으로
아무도 모르게 그들은 떠났고

잃어버린 도시
안데스의 영혼
마추픽추는 남아 있어
운무가 내려와 도시를 감싸고
삼포냐는 아득히 퍼져 나가며
"El Condor pasa", 철새는 날아가고
잉카의 한은 바람에 실려 가는
마추픽추.

5

조조가 없는 세상, 평화가 왔는가?

지하철

먹고 살려고
마음, 힘을 다하여
참피리* 가리처럼
엘리베이터 휩쓸고 탄다

그루프에 화장을 고치며
안전문 대기선에 서면
물을 뿜으며
고래가 들어온다

푸른 바다 꿈꾸며
빌딩 숲을 향해
저마다 폰 드래그하면서
하루를 달린다.

* 참피리: 수컷 피라미 방언

좋은 아침

차가운 바람
흔들리는 세상에도
우리의 꿈과 희망은
사라지지 않아

비바람 태풍도
언젠가 잦아들 테니
조금만 더 기다려
함께 걸어가자

어둠이 오고
밤이 지나가면
동이 트는 새벽
닭 울음소리

어지러운
오늘도 지나가고
환한 빛을 비추며
밝아 오는 좋은 아침.

라떼는 말이야

나 때는 말이야
6.25 전쟁 통에 라면 끓여 먹었어
불도 없고 냄비도 없었지만
마음만은 펄펄 끓었지

나 때는 말이야
월남전에 스키부대로 참전했었지
정글 속을 슬로프 삼아
메콩 강을 미끄러지듯 돌진 했다네

나 때는 말이야
한강에서 비키니 입고 수영 했어
방송국에서 탤런트 하라고 해서 안가고
그때 첫사랑 아직도 연락해

나 때는 말이야
짚신 신고 세계일주 했어
마라톤은 맨발로 달려서 우승했고
에베레스트도 맨손으로 올랐지

나 때는 말이야
달보다 빨리 달렸어
구름이랑 달리기 하던 시절이 있었지
그런데 말이지

제발
언제 적 얘기인데
왕년 타령만 하고 사니
냉수 먹고 속 차려.

나는 백수다

백구두
흰색 정장
검정 선글라스
눈부신 태양 아래
오늘도 빛나는 하루

빈 지갑
악어가죽
명품의 짝퉁
물냉면의 이쑤시개
허세의 체면

당구 300
골프는 싱글
조기축구 퍼포먼스는 국가대표
춤과 노래는 필수 전공
밤이면 황제 대우

미녀들의
인기는 최고
팁은 윙크로 하지만
마음만은 진실한
미혼 남

폼 나는 인생
스케줄로 가득 찬
바쁜 하루가 저무는
신사의 품격을 보여주는
나는 백수다.

나는 자연인이다

언젠가 이 도시를
나도 떠나 볼까
회색빛 숨 막힘에
초록이 부르면

산 깊은 자연에서
새소리 지저귀며
누구나 오라고 하지만
풀잎보다 부드럽지 않으며

쌀은 산에서 나지 않고
소금은 바다에서 구하며
조미료는 돈 주고 사야하고
햇빛을 전기로 바꿔야 하며

물줄기를 식수로 만들고
흙벽을 바르고 나무로 짖는다 해도
고된 망치질을 해야 하고
기술과 노동이 필요하며

필요한 땅이 있어야
집 짖고 살 수 있고
아무나 지낼 수 없으며
산은 누구나 허락되지 않고

병이 들면 산은 말이 없이
처방이나 약을 주지 않고
도시로 내려갈 수 있는 길
자연에서 받는 법은 배워야 하고

세상과 조율한 균형으로
자연과 인간 사이를 걸으면
도시와의 숨은 연결선 위에서
자연인은 고립된 은둔이 아니라

그렇다면 묻는다
그대 자연을 꿈꾸는가
자연에서 살 준비가 되어있는가
나는 자연인이다.

조조가 없는 세상, 평화가 왔는가?

서장 : 혼란의 아침
해는 솟고
빛은 혼탁하고
강물은 흘러가며
칼을 씻지 않으니
산천은 고요하지만
말발굽 소리 멎었는가
천하는 이미 갈라져 있어
이름 없이 힘없는 민초들만이
하루의 생존을 위해 땅을 일구었다

그때
한 사내
패국의 초현에서
밤을 등불 삼고 칼을 붓 삼아
역사의 검은 장을 써내려가는
이름은 조조
자는 맹덕
한 시대의 영웅인가
야망의 그림자인가

제 1 장 : 난세의 칼날
어린 시절
꾀를 내는 재주로
세상은 그를 향해 손가락질 했으나
황건의 난 불꽃을 꺼뜨리고
낙양에 발을 들여
천자의 곁에서 헌제를 옹립한 이는 충신인가
아니면 권력을 기어오른 야망의 화신인가
그는 칼을 휘둘러 법을 세웠다

제 2 장 : 천하를 향한 꿈
관도에서
원소의 대군을 꺾고
새 시대의 주인공이 되어
허창을 세워 신질서를 펼치며
장수는 능력 따라 등용하고
파격적 인재발탁
임기응변의대가
심리전의 달인
천하통일의 야망을 품고
백만 대군으로 통일하려 하였으나

적벽대전
삼국지의 화룡점정
제갈공명은 학우선을 펼쳐
동남풍을 불어와 화공의 강바람은
야망을 꺾은 불길은 하늘을 뒤덮었고
젖은 옷을 입고 살아 돌아왔으나
더 이상 물러서지 않았다

제 3 장 : 마지막 황혼

조조는
위왕이 되어
황제의 자리는 넘보지 않아
아들 조비가 그 자리를 이어
조조는 무황제로 추존되었으나

치세의 능신
난세의 간웅
이성의 정치가
개혁의 선구자
다른 이들은 말하길
칼과 시를 함께 품은 자

시를 지었고 음악을 논하였으며
삼조의 이름으로 문학의 별이 되어
천하를 두 손에 쥔 고독한 위정자

종장 : 조조가 없는 세상
위, 오, 촉
조조 떠난 후
삼국의 싸움은 계속되었고
백성의 피는 다시 땅에 스며들어

조조가 없다고
세상의 평화는 왔는가?
칼은 거셌으나 법을 세웠고
야망은 컸으나 질서를 만들었다
진정한 평화란 무엇인가

침묵
또 다른 혼돈
조조는 죽었으나
그가 떠난 지금
세상은 진정 고요 한가

우리의 마음엔 여전히 전장이 있다
조조가 없는 세상
평화가 왔는가?

바다는 비에 젖지 않는다

비가 내리면
천천히 혹은 거세게
세상의 모든 소리가 하늘에서 쏟아져도
그러나 바다는 비에 젖지 않는다
깊은 심연을 흔들지 못하며
물방울 하나
파도 하나

뉴스 속보
소란한 세상
흘러넘치는 영상
SNS, 누구의 말과 감정
하루에도 수없이 젖으며
이름 모를 파도들이 몰아쳐도
바다는 젖지 않는다

바다처럼
스스로를 가득 채운 존재
깊이는 외부의 것에 흔들리지 않으며
흔들리되 무너지지 않기를

세상이 나를 덮쳐도
내 안의 물결로
흐르기를

지식을 넘어
공부와 노력으로
경청으로 귀를 열고
겸손으로 마음을 열어
지혜의 바다로 나아가기를
침묵의 의미를 들을 수 있다면
나는 젖지 않는 존재가 되리라

깊이를 잃지 않는
소란 속에서도 조용히
세상을 감싸는 깊이로
흔들리되 무너지지 않고
지혜와 경청, 겸손과 공감으로
세상의 비에 휘둘리지 않는
바다는 비에 젖지 않는다.

멜라니 사프카* (가장 슬픈 노래)

뉴욕의 바람은
기타 줄 위에 내려앉아
한 낭자의 목소리를 실어
연극의 무대에서 피어오르던 감정은
슬픔이라는 멜로디로 들려주며

노래는
말보다 먼저 울고
목소리는 깊고도 담담하게
다시 떠오르게 하는 잃어버린 사랑
"가장 슬픈 일은 사랑하는 이와의 이별"

슬픈 이별의
한 문장을 멜라니는
한으로, 소리로, 노래가 되어
애조 띤 멜로디와 호소력 짙은 보컬
'Saddest Thing'*의 허스키한 음성으로

통 키타
수줍은 미소

거칠게 넘긴 머리
가장 한국적 정서와 한을 노래하는
포크의 전설

라디오에서
허스키 하면서
애절함과 호소력 짙은
우수에 찬 소리가 들려오면
이별과 슬픔을 노래하며

영혼을
위로 하는 카타르시스
치마저고리와 같은 한국적인 한
멜라니 사프카의 노래처럼
"이 세상에서 가장 슬픈 일은 사랑하는 이가
안녕을 고할 때입니다."

* 멜라니 사프카[Melanie Safka] 1947. 2. 3.~2024. 1. 23.
* Saddest Thing: 허스키한 목소리에 있어서는 따라갈 사람이 없는 멜라니 사프카의 최고 히트 넘버 이다.

경주 불국사(잃어버린 수학여행)

기억은
흑백 필름처럼
흐려지던 그때
경주의 활짝 핀 벚꽃 길
아련히 떠오르는 옛 생각

청운교, 백운교
아래 속세가 흐르고
위로 부처의 세계가 열리는
한 번도 밟아보지 못한 유적지
탑은 변함없이 하늘을 향하여

불국사의
돌계단에서 추억을 간직하며
귓가에 맴도는 친구들 웃음소리
다보탑과 석가탑의 화려함과 간결함
서로를 마주보는 쌍둥이

토함산 자락을 오르면
피어있는 진달래와 산수유

화강암 속의 신비스러운 석굴암
모두의 추억이라 불리는 그곳
이름만 머릿속에 새긴 채

학창 시절
'대한민국 수학여행 1번지'
빛바랜 사진 속 풍경처럼
잃어버린 수학여행
경주 불국사.

잠실대교에서

높은 타워
복잡한 사거리
바쁜 걸음으로 지나는 사람들
꽃잎은 바람에 흩날리는데
조용히 떠오르는 구름
왜 이렇게 눈물이 날까

고통과 슬픔
지나온 시간을
미소 지으며 살아왔는데
말 없는 사연들
소리 없는
울음

당신의
아픈 마음은
겨울 끝자락에
무심히 흘러가는
강물을 바라보며
멈춰 서는 걸음

삶이란
머물렀다가
흘러가는 시간
낯익은 골목이 낯설고
익숙한 풍경이 멀어지는 곳
잠실대교 위를 천천히 걸어간다.

우크라이나

황금빛 들판과 푸른 하늘
불굴의 대지에 어두운 그림자
야욕의 세찬 바람이 불어와
검은 구름이 밀물처럼 밀려오며
강과 들판 위에 어둠이 깔리고

끝없는 탐욕을 앞세워 대지를 흔들며
거짓의 깃발과 독재의 언어가 들려오고
침략자의 발소리가 국토의 심장을 짓밟으며
하늘을 덮으려 하나 빛은 꺼지지 않는
조상의 피로 지킨 역사

부서진 벽돌 무너진 담장 위에도
꽃은 총탄 자국 사이에도 피어나고
잿빛 폐허 속에서도 생명은 길을 찾으며
폭격 속에서도 희망은 꺾이지 않고
아이들은 빛을 품고 자라나며

이 땅에서 자유의 언어를 배우고
어머니는 눈물지으며 기도를 드리며
나라를 위하여 용감하게 총을 들었고
아버지는 맨손으로 강철을 대신하여
폭격으로 무너진 성벽을 쌓으며

라스푸티차의 진흙은 적들의 전차를 삼켰고
한겨울의 차가운 바람은 살얼음 칼날이 되어
침략자의 발을 묶고 앞으로 나아가지 못하게 하며
적들의 군기를 찢을 때 승리의 북소리를 울리고
새날이 밝아 오고 자유의 햇살이 비추며

높은 하늘 아래 푸른 영웅들은
평화의 해바라기 들판에 춤을 추고
우크라이나 승리의 노래가 메아리치며
키이우 독립광장에 영광의 종소리 울려 퍼지는
자유의 깃발이 다시 휘 날린다.

라스푸티차

어느 날 동쪽 하늘이 붉게 물들고
라디오에서 들려오는 황당한 전장의 비명
무겁고 차가운 침략의 발걸음
러시아의 침공 소식

갑자기 도시를 뒤흔들고
울리는 경보음이 심장을 파고들어도
우리는 하나다 스스로를 지키자
두려움에 무릎 꿇지 말자

거짓말로 과장된 제국의 꿈
푸틴은 꺼져라 폭군의 야욕이여 사라져라
민족의 혼은 불타오르는 영광의 불꽃
티 없이 맑은 우크라이나

강인한 대지 위에 피어나는
황금빛 해바라기는 평화의 얼굴
라스푸티차의 진흙은 적들의 전차를 삼켰고
겨울의 칼바람은 침략자의 깃발을 찢으며

그리고 마침내
푸른 하늘과 황금 들판 위에서
키이우 광장에서 울려 퍼지는 노래
우크라이나의 영원한 불굴의 정신으로
자유의 깃발은 승리하리라.

6

스포츠

1983년 9월 가을운동회 마라톤 우승

한국 축구

초원의
푸른 대지
열한 명의 영웅
휘슬이 울리는 순간
하나의 공이 굴러가면
불타는 전사가 되어서
조국과 가족의 이름으로
날개가 없이도 날아오르며
땅의 떨림과 심장의 고동처럼
열한 명의 영웅이 엮어내는 서사의 찬가
그리고 푸른 심장의 노래

어린 시절
운동장 흙먼지 속에서
공을 차며 꿈을 키웠으며
찢긴 무릎과 붕대 감은 머리의 투혼은
지난날의 어려움 속에서도 포기란 단어는 없으며
가난한 시절 흔들리는 눈빛 속에서도 다시 일어나고
수천만의 꿈과 수억 개의 눈이 바라보는 월드컵 경기
그라운드는 땅이 아니라 땀을 비처럼 흘리며

쓰라린 패배의 눈물과 아픔이 있고
승리의 영광과 환호가 함께 하는
숨 쉬며 살아있는 시詩

수호신
골키퍼는 마지막
자리를 지키는 운명이며
수비는 철벽의 방패로 막고
전략은 수학 공식처럼 정교하며
공격은 번개 같은 창으로 돌파하여
포워드의 그림같이 아름다운 슛 골인으로
2002년 대한민국 월드컵 4강 진출의 위대한 역사
온 나라가 하나가 되어 붉은 물결을 이루고
세계의 심장을 깜작 놀라게 하였으며
꿈은 이루어지고 신화는 계속 된다

경고의 노란빛
퇴장의 붉은 카드에도
선수들은 포기하지 않고
공을 차는 것이 아니라

서로를 믿고 함께 달리며
손을 쓸 수 없는 경기이고
그라운드는 전쟁터가 아니라
정직하고 열정적인 경연장이며
연장전의 지침과 승부차기의 긴장 속에서
그들은 여전히 달리고 경쟁하는
최고의 무대

시간은 흐르고
세대는 바뀌어도
새로운 선수들이 뛰는
푸른 잔디 위의 영웅들
단순한 스포츠가 아니고
우리가 함께 노래할 수 있는
땀과 눈물로 이루어진 영웅의 이야기
붉은악마의 힘찬 응원과 승리의 함성 소리
열한 명의 용사들이 공을 향해 전력을 다할 때
가장 숭고하며 순수한 감동의 서사시
불타는 그라운드의 한국 축구.

골프

푸른 초원
시원한 바람
초록의 대지는 조용히 숨쉬고
하늘을 향해 작은 공하나 날아가면
비거리의 궤적엔 수많은 시련과 인내

목동의 놀이가
세월을 건너 전설이 되어
스코틀랜드의 넓은 들녘에서
양피에 기록된 첫 흔적처럼
나무로 만든 클럽과 깃털로 채운 공

한 홀, 또 한 홀
서툰 손길로 시작된 경기는
세계의 눈이 지켜보는 무대 위에서
수많은 별들이 쏘아올린 꿈이 되었고
삶처럼 실수도 있고 기적도 있으며

버디에 웃고
보기에도 배우며

핸디캡조차 사람을 품는 지혜
한 번의 샷에 인생을 담고
퍼팅 하나에 진심을 실어

고요 속의 울림
경건한 마음의 스윙 소리
언젠가 홀인원의 기적을 만나는
18홀을 향해 걸어가는 인생
골프라는 이름의 여정.

테니스

코트 위
눈빛을 나누며
숨소리보다 빠르게
긴장한 정적을 가르고
첫 스트로크 날아오면
본능처럼 살아나는 움직임으로
마음보다 앞서 반응하는 몸

강서브
눈부신 섬광처럼
짜릿한 번개가 내리치고
소리 없는 천둥이 코트를 울리면
뛰어 다니며 춤추는 유산소의 리듬
폭발하는 코어의 무산소 불꽃
경계를 넘나드는 세계

눈보다 빠른 공의 궤적
뇌는 깨워지고 날아오는 공의 예측
우정의 눈빛을 나누는 건강한 전투

전방 압박 발리와 공중을 가르는 강력한 스매싱
물결 같이 부드러워지는 신체 혈관
심폐기능은 강철처럼 단련되는
건강의 전략이며 예술의 실행

열정은 언어가 되고
즐거움의 율동을 만들며
젊음은 이곳에서 매일 피어나고
피로를 잊게 하는 즐거운 웃음으로
우리 삶에 빛을 더하여 주는 공간
함께 호흡하는 하나의 공동체
장수의 문을 열어주는 열쇠

순수하고
열정적이며
가장 역동적인 생명의 진동
서사와 리듬이 어우러진 살아 있는 시(詩)
네트를 넘어 이어지는 존중의 대화
순간마다 삶이 부활하는
최고의 운동 테니스.

파크골프의 하루

클럽 하나
가볍게 떠나는 길
강변 끝자락 잔디 위
웃음꽃 피어나는 파크골프

무거운 가방
화려한 옷차림이 필요 없는 준비
단순한 규칙 속에 숨어있는
자유와 여유

나무 아래 짧은 코스
햇살은 잔잔히 내려앉고
1시간이면 충분한 여행
즐거운 시간속의 행복

첫 스윙
아내의 웃음소리
젊은이보다 빠르지 않아도
정겨움으로 가득한 경기

우아함은 있지만
멀리 가야하는 골프장
대중에게 값비싼 높은 문턱
일상과는 먼 이야기

누구나 언제든 오라고 하며
편하게 일상이 되는 운동
백세인생 국민건강 최고
파크골프.

테시 형

대통령
국무총리
국회의원
장관

대기업 회장
판·검사, 변호사
명함 한 장에 담긴
권세의 타이틀

땅 부자
부동산 졸부
강남 아파트 백 평
잘난 사람들

가진 것 없이
빈손으로 왔다가
잘 생긴 얼굴 하나로
버티고 살아온 6학년

테시 형*
혼란한 세상
힘차게 스매싱하여
만들어 가는 좋은 세상.

* 테시 형: 테니스 치는 형

백세인생

백세 인생
물질의 바다를 건너
무엇이 진정한 행복인가
노후의 평안을 물으면
상업적으로 광고의 말처럼
"열심히 일한 당신, 떠나라!"

젊은 고생은
자산이 되지만
노후의 힘든 고생은
지나간 청춘에 대한 보상의 시간
짐이 되고 아픔이 되지 말고
쉼과 여유의 생활이 되어야

이제껏
허리띠 졸라매며
모든 걸 쏟아 버린
자녀 교육과 내 집 마련
나를 위한 준비는 없었고
은퇴설계는 부자의 특권이 아니며

어려운 살림에도
조금씩 모아가는 마음이
백세 인생의 토대가 되며
내 집 없이도 살 수 있으나
노후자금 없이는
살 수 없다

삶의 품격은
준비된 자만이 누리는 것
노후생활은 선택이 아니라 필수
백세를 살아갈 사람들에게
지혜로운 준비를 전하는
건강한 백세인생.

한국 프로 야구,
영원한 그라운드의 서사시

1982년, 삼월 이십칠일
동대문 풀밭 위 첫 외침
청룡의 숨결, 사자의 포효
개막전 만루 홈런으로 역사가 시작되고

OB의 환호, 삼성의 눈물
첫해의 한국시리즈는 건곤일척
은근과 끈기의 운명이 실린 한 방
만루 홈런으로 심장이 터졌다

그날 이후 '야구'는 이름이 아니었고
온 국민의 가슴을 뛰게 한 전율 이었다
스탠드는 응원의 물결로 출렁이고
그라운드는 불꽃처럼 타올랐다

해태의 무등산 호랑이가
날카로운 발톱으로 80년대를 삼켜버리고
쌍방울의 패기, LG의 품격은
한 타 한 타마다 전설이 되었다

최동원, 불멸의 투수
전무후무한 한국시리즈 4승의 신화
오늘도 가장 찬란한 별이 되어
하늘에서 마운드를 지킨다

삼미는 청보, 청보는 태평양
태평양은 현대, 현대는 다시 히어로즈
이름은 바뀌고 세월이 흘러도
팬들의 사랑은 한 번도 떠난 적 없다
NC와 KT, 젊은 피가 흐르고 열 개 도시,
열 개 팀은 밤마다 별자리를 새긴다

두산은 근성
삼성은 품격
SSG는 새 출발
한화는 봄을 기다리는 뿌리

롯데는 부산의 함성
기아는 전통의 엔진
LG는 왕관을 향해 달린다
키움은 계산과 지혜
NC는 진화의 창
kt는 반격의 불꽃을 숨 쉰다

야구는 인생이다
각본 없는 흥미진진한 다큐멘터리 드라마
홈런을 치고 대박을 터트리며 날아오르고,
삼진으로 쓰러져도
그러나 9회 말 투 아웃,
절체절명의 순간을 맞이하는 한 번의 기회
인생의 마지막 승부에서 역전의 희망으로
다시 쏘아 올리는 공
그리고 오늘도 마운드 위 단 한 사람의 주인공 투수
어깨위에 백 년의 고독한 시간이 보이는 눈빛으로
마운드에서 던지는 투혼을 담은 하나의 공
한국 프로 야구라는 불멸의 신화를 쓰고 있다.

7

대한민국 아라리

6.25전쟁 영천지구 전투(1950. 9. 4. ~ 1950. 9. 13.) 중 은해사
뒷줄 맨 오른쪽 국민 방위군 소령 심상대 로렌조 선친

대한민국 아라리

백두산 천지에 무궁화 피어도
떠나간 임은 소식이 없어
두만강 물결 위로 은은한 달빛
임 그린 마음만 애달프구나
아리랑 아리랑 아리리요
아라리 고개로 넘어 간다

한라산 백록담에 철쭉꽃 피어도
바람결 따라간 임은 소식도 없어
낙동강 둔치에는 물안개 서리고
기다린 마음만 서글프구나
아리랑 아리랑 아리리요
아라리 고개로 넘어 간다

금강산 설악산에 우담바라 피어도
정 주고 떠난 임은 기별도 없어
울릉도 독도에 갈매기 울어도
그리운 마음만 메아리치네
아리랑 아리랑 아리리요
아라리 고개로 넘어 간다

묘향산 지리산에 진달래 피어도
야속한 임은 소식도 없어
백령도 마라도에 방울새 울어도
기다린 마음만 서러워라
아리랑 아리랑 아리라요
아라리 고개로 넘어 간다

임이여, 임이여 어디로 갔는지
산천은 푸르고 강물은 흐르건만
그리운 마음만 아라리 되어
오늘도 노래가 되어 부르네
아리랑 아리랑 아라리요
아라리 고개로 넘어 간다.

연천 아라리

한탄강 맑은 물결 따라 흐르는 평화의 쉼터
라벤더의 보랏빛 색깔의 파도가 바람에 흔들리면
허브 빌리지 푸른 정원 속에 퍼지는 꽃향기
물안개 피어오르며 향긋한 허브 향 실려 오고

감악산 능선 너머 아침 햇살 은은히 내려앉아
고구려의 숨결로 고대산 숲 사이로 불어오는 속삭임
재인폭포 물안개에 다가서면 슬픈 피리소리 들려오고
광대 부부의 전설은 물안개 되어 가슴으로 적셔오네

동막골엔 고요한 숲속의 정취와 계곡의 물소리
내산리 냇가의 차가운 물줄기에 터지는 아이들 웃음소리
신탄리의 별빛 가득한 밤하늘 아래 속삭이는 카라반 불빛
깊어가는 밤하늘의 작은 등불처럼 피어나는 추억

에메랄드빛 강물 아래 넓고도 한가로운 들판은
황금빛 벌판으로 한 폭의 아름다운 수채화를 그리고
현무암 절벽은 수묵화 되어 오랜 세월을 노래하며
적막한 경순왕릉에서 보이는 지나간 제왕의 그림자

그 깊은 시간 속에서 호로고루 성벽을 걸으면
전곡리의 주먹도끼 하나가 인간의 시작을 말해주는 돌무덤
전곡선사박물관의 돌 벽을 만지며 구석기인의 혼을 보며
전곡리 유적, 열두 개울, 천 년의 꿈이 잠든다

푸르고 깊은 자연은 붉은 노을로 마음을 물들이며
산과 들, 계곡과 강물, 그리고 유적들이 과거와 현재를 이어주는
살아있는 미래의 향기를 피워 올리는 삶의 터전
아, 대한민국 연천 아라리!

한성백제의 혼

몽촌토성의 바람
찬란한 한성백제의 중흥
이 땅에 사는 후손의 자랑
문화체육의 성지

성내 천
방이 생태 숲은 서울의 허파
혼잡한 도심의
녹색 쉼터

올림픽공원
평화의 광장에는
세계가 하나 되던 그날
1988년 성화가 영원히 타오르며

선조의 후예들이 살아
대한민국 문화를 알리는
역사를 다시 쓰고
살아있는 도시

숨 쉬는 송파
한성백제의 혼
대한민국의 터전
어제, 오늘, 내일의 빛.

제21보병사단, 백두의 깃발

1953년 1월 15일
전쟁의 포성이 아직 가시지 않은 한겨울
국군의 새로운 숨결이 온 땅에 퍼져 나가고
백두산에 통일의 깃발을 꽂으라던 굳센 의지
이승만 대통령의 말씀 속에 탄생한 영광의 이름
한 번 백두인은 영원한 백두인의 결의와 용기
나라의 혼을 지키는 굳건한 맹세 불멸의 서약

창설과 함께 인제와 원통의 험준한 방어선을 지키고
양구로 옮겨 백석산, 크리스마스 고지, M-1고지를 되찾고
피의 능선, 단장의 능선, 가칠봉을 사수하며 북진하였으나
얼어붙은 대지를 굳건히 딛고 아쉬운 휴전의 날이 왔으며
그러나 평화의 날에도 이들의 전선은 멈추지 않았고
피와 땀의 경계로 자유의 방패가 되어
국토 수호의 철벽이 되었으며

백두산·금강산·한라산, 세 봉우리가 하나로 모여
일곱 글자를 그리며 사단의 부대 마크를 이루고
설악의 눈보라 휘날리는 산악에서 강철 같은 의지로
혹한과 고립을 이겨낸 병사들은 조국의 새벽을 열었으며
수많은 무장공비의 그림자가 밤하늘을 스칠 때에도
백두산부대는 총부리를 들어 조국을 지켰으며
바위처럼 무거운 불굴의 의지와 사명으로

최전방의 눈과 귀가 되어
한 치의 틈도 허락하지 않는 경계 속에서
산맥처럼 굳건히 서서 영토를 감싸 안으며
적이 감히 넘보지 못하는 강철의 장벽으로
매서운 바람을 가르는 용맹스러운 충성의 맹세
혹한 속에서도 꺼지지 않는 불씨를 지피는 희망은
남과 북, 그리고 겨레의 마음을 하나로 잇는 뜻을 품고

오늘도 백두의 아침 해를 맞이하며
멸공의 기치를 들고 영원한 투혼으로
언젠가 백두산 천지 위에 태극기 휘날리는 그 날
승리의 나팔을 울리고 영광의 역사를 새롭게 쓰며
오천만 국민의 방패가 되어 자유의 성벽을 굳건히 세우고
백두의 깃발 아래 서 있는 이들은 조국의 불멸의 혼
대한민국의 수호신, 제21보병사단 백두산부대

제21보병사단 백두산부대

백두의 깃발 아래 눈보라를 헤치고
설악의 골짜기 끝 사선을 지키며
멸공의 함성소리 하늘 끝에 울리고
굳건한 용사들이 조국을 받든다

피의 능선 넘어 단장의 능선 지나
가칠봉 하늘 아래 투지가 불타고
승리의 나팔소리 계곡마다 울리며
백두산부대 이름 만방에 떨친다

오천만 겨레 마음 하나로 모아서
통일의 새 아침을 선봉에서 열고
천지 위 태극기 높이 날려 올리며
백두의 영광으로 역사를 새긴다

혹한의 양구 땅에 뿌리 깊이 내려서
불굴의 백두정신 오늘도 이어가며
백두·금강·한라 세 봉우리 모아
영원한 조국수호 21사단 백두산부대

백두여 백두여 영광의 깃발아
조국과 겨레를 지키는 방패여
굳건한 신념과 용맹의 발걸음으로 통일을 열어가자
제21 보병사단 백두산부대.

방이동 아라리

1988년 서울올림픽
태양처럼 타오르던 성화
올림픽공원 평화의 광장에
세계가 하나 되어 춤추던 날
불꽃은 아직도 타오르며

성내 천
방이 생태 숲은
세상의 푸른 허파이며
올림픽공원은 서울의 쉼터
한국의 센트럴파크

몽촌토성
백제고분은 한성 백제의 혼
역사와 현재가 어우러진 터전
선조들의 소중한 문화유산
문화체육의 도시

삶이 흐르고
꿈과 희망이 있는 곳
먹자골목의 정겨운 불빛
카페 유리창의 다정한 연인
방이동 아라리.

방이동

몽촌토성
한성 백제의
혼이 깃든 땅
한강이 흐르는 곳

백제고분 속
화려한 꿈을 전하는
도시의 풍경 속에 있는
잠든 옛 왕들의 이야기

올림픽과
문화체육의 도시
도시인의 녹색 쉼터
올림픽공원의 푸른 언덕

찬란한 문화
힘차게 도약하는 발전
미래를 여는 대한민국 심장
방이동 아라리.

천주교 방이동 성당 (성모 승천 성당)

남한산성의 정기를 받아
몽촌토성의 바람이 불어오는 곳
찬란한 한성의 얼이 살아 숨 쉬는
소중한 문화유산을 고이 간직한 한성백제의 옛터
올림픽의 불꽃이 타오르던 도시의 열정은 세상을 밝히며
뜨거웠던 함성의 기억은 역사가 되고 꿈이 피어난다
희망의 내일을 열어가는 문화체육의 도시

2009년 2월 5일 축복 속에 세워진 성당
성모님의 자비로우신 은혜와 기쁨의 기도
오랜 역사의 도시에 신앙의 씨앗을 심으며
꽃처럼 피어나며 그윽하게 퍼지는 사랑의 향기
방이芳荑의 이름으로 성령의 빛 속에서 머무는
"주님의 종이오니 그대로 제게 이루어지소서" 고백하는
믿음, 사랑, 나눔, 친교를 증거 하는 초대 교회의 공동체 정신

작은 돌과 벽돌로 쌓아올려
하느님 앞에 성스러운 제단이 되었고
믿음으로 이룬 형제자매로 뭉쳐진 성가정
사랑을 나누는 식탁에서 생명의 빵으로 채워지는 잔치
신자들의 기도와 정성이 벽돌마다 새겨지고
낡고 비좁은 곳에서 아름답게 빛나는 성전으로
하느님의 섭리로 완성된 신앙의 보금자리

오늘도 성모 승천의 깃발 아래
빛과 소금으로 복음을 세상 끝까지 전하고
진리의 말씀 속에서 하느님의 평화를 노래하며
나눔과 친교로 소통하며 건강한 생활을 영위하는 삶
우리는 기도하고 봉헌하며 증거 하는 주님의 백성
사랑으로 우리 곁에 다가오는 천국의 문
영원한 사랑의 등불 방이동성당.

평론

아리랑 시인 우화 심병섭(토마스)

「정선 아라리」는 강원도 정선 지역의 자연과 민속, 그리고 설화와 민요가 어우러진 시로, 한국 전통시의 정서를 진하게 품고 있다. 이 시는 정선의 대표적인 민요인 '아라리'[1]를 모티브로 하여, 지역성과 민족적 감수성을 함께 끌어안으며, 전통과 현대의 정서적 교차점을 섬세하게 포착하고 있다.

---

1) 아라리는 강원도에 밀집되어 있다. 동부 지역의 대표적인 가창유희요로서 아리랑의 원천이 되는 노래.

우선, 시의 형식은 전통적인 민요 형식을 따르며 각 연마다 '아리랑 아리랑 아라리요'라는 후렴구를 삽입하여 리듬감과 운율을 강조한다. 이는 독자에게 구전 민요의 정취를 느끼게 하며, 시의 감성적 몰입을 한층 더 심화시킨다. 후렴은 반복을 통해 상실과 그리움, 기다림이라는 정서를 굳건히 하는 도구로 작용한다.

내용적으로는 정선의 지명과 전설, 풍경이 시 전체에 고르게 분포되어 있다. '아우라지'[2], '백전리', '몰운대'[3], '설암'[4], '소금강'[5] 등은 단순한 지명이 아닌, 시적 공간이자 감정의 상징으로 공감한다. 예컨대, 첫사랑의 아픔이 서린 '백전리 물레방아'[6], 나그네의 쓸쓸함이 깃든 '몰운

---

2) 강원특별자치도 정선군 여량면 여량 5리를 흐르는 강
3) 강원특별자치도 정선군 화암면 몰운2리에 있는 절벽. 화암8경의 하나로, 수백 척의 암석을 깎아 세운듯한 절벽으로 이루어져 있다.
4) 소금강의 대표적인 절경 가운데 하나이다. 바위 뒷면에서 보면 눈 덮인 모양으로 희뿌옇게 보인다고 하여 '설암'이라고 한다. 오래전 이곳에는 설암사라는 절이 있었는데 절이 없어지면서 이곳에 있던 금동불상을 월정사로 옮겼다는 이야기가 전해진다.
5) 화암팔경 중 제6경으로서 정선군 동면 화암 1리에서 몰운 1리에까지 4km 구간에 백전리 용소에서 발원한 어천을 중심으로 좌, 우에 100~150m의 기암절벽이 있는데 그 기묘하고 장엄한 형상이 금강산을 방불케 한다하여 소금강을 보는 듯하다고 하여 소금강이라 부르게 되었다.
6) 강원특별자치도 정선군 동면 백전리에 있는 물레방아. 백전리 물레방아는 국내에서 가장 오래된 물레방아로, 1996년 강원도 민속문화재로 지정되었다.

대', 그리고 자연의 진경산수가 담긴 '소금강 단풍'과 '설암의 눈' 등은 시적 자아의 감정과 긴밀히 연결되며, 독자에게 감동의 깊이를 더한다.

이 시에서 가장 인상 깊은 부분은 인간의 사랑과 이별, 기다림의 감정을 자연과 전설 속에 조화롭게 녹여낸 점이다. 처녀와 뱃사공의 사랑, 돌아오지 않는 낭군을 기다리는 여인의 정한, 그리고 떠도는 나그네의 발걸음은 모두 우리의 민족 정서인 '한恨'의 결정체이다. 이 '한'은 눈물과도 같은 아라리 가락 속에 실려 흐르며, 전통 시 특유의 서정성을 깊게 뿌리내린다.

마지막 연에서는 '그립고 보고픈 마음'이 하늘과 땅을 잇는 감정으로 확장되며, 시의 정서적 절정을 이룬다. '정 주고 떠나가는 한 깊은 소리'라는 표현은 사랑과 이별, 기다림과 체념이 복합적으로 응축된 말로, 독자의 심금을 울린다.

결론적으로 「정선 아라리」는 한국 전통 민요의 정서를 시의 언어로 탁월하게 형상화한 작품으로, 정선의 지역성과 보편적 감정을 동시에 아우르며 뛰어난 시적 완성도를 보여 준다. 전통의 미학과 민족 정서를 현재로 끌어온 이 시는 전통시의 모범적인 예라 할 수 있다.

전통적 상징과 현대적 감수성이 어우러진 시 **「꽃가마 타고 시집가는 나비」**는 생명과 성장, 해방과 새로운 출발의 기쁨을 담아낸 서정시이다. 시는 나비의 생애를 모티브로 하여, 인간의 내면 여정과 자아실현을 은유적으로 풀어내고 있으며, 특히 여성적 삶의 통과의례를 상징적으로 형상화하고 있다.

시의 첫 부분에서 '알에서 애벌레가 되어'라는 표현은 시작과 태동, 또는 태내의 상태를 상징한다. 이어지는 '깊고 어두운 밤'은 성장과 변화 이전의 고통과 혼란의 시간을 뜻하며, 이는 인생의 시련기나 자아 정체성의 혼돈을 나타내는 구절로 해석할 수 있다.

중간 부분에서는 봄을 기다리는 자연의 움직임 - '버들가지 얼음 아래 시냇물', '붉은 동백꽃' 등의 시어 - 를 통해 내면의 변화가 외부 세계와 조응하고 있음을 보여준다. 이는 인생의 전환점에서 느끼는 희망과 새로운 출발의 에너지를 자연의 흐름과 맞물려 섬세하게 표현한 부분이다.

특히 '날 수 있을까?'라는 반복적인 자문은 자아실현을 향한 두려움과 갈망, 자신에 대한 불신과 극복의 과정을 드러낸다. 이는 단지 생물학적 성장의 묘사를 넘어, 인간 존재로서 겪는 성장통을 감성적으로 포착한 시적 화법이다.

절정은 마지막 연, "봄날 / 화려한 꽃밭에서 / 춤추는 나비가 되어 / 꽃가마 타고 시집가는 날"에서 찾아볼 수 있다. 이때 '꽃가마'는 단순한 전통 혼례의 상징을 넘어서,

축복과 해방, 그리고 삶의 새로운 단계로 나아가는 영예로운 순간을 의미한다. 나비는 단지 아름다움의 상징이 아니라, 오랜 인내 끝에 얻은 자유와 희망의 결실이다.

이 시는 전통적 정서(꽃가마, 시집가는 날)와 현대적 감정(자아의 고뇌와 성장)을 자연스럽게 융합시켜, 독자에게 감성적 깊이를 제공 한다. 여성의 삶과 성장, 인간 존재의 보편적인 고뇌와 비상을 포용한 이 시는, 우리 삶의 여정 속에서 끝내 '꽃가마를 타는 나비'가 되기를 꿈꾸는 모든 이들에게 큰 공명을 준다.

시 **「엄마의 봄」은** 자연의 서정과 인간의 내면 감정을 따뜻하게 결합한 시로, '엄마'라는 존재에 대한 그리움과 회상의 정서를 봄의 이미지 속에 정교하게 녹여낸 작품이다. 특히 바다, 햇살, 바람, 꽃 등의 자연 소재를 통해 모성애와 회복, 그리고 삶의 순환을 담담하면서도 감성적으로 그려낸 점에서 높은 시적 완성도를 보여 준다.

시의 첫 연에서는 영덕 바닷가의 겨울이 끝나고 봄이 다가오는 정경이 펼쳐진다. "그리움의 파도", "햇살보다 따뜻한 물보라" 등의 표현은 단순한 풍경 묘사를 넘어, 자연 속에 깃든 정서를 은유한다. 바다는 시적 자아의 감정을 비추는 거울이며, 그 안에서 어머니에 대한 기억이 파도처럼 밀려온다. '해파랑 길'[7]과 '갯바위'는 구체적이면서도 서정적인 장소 설정으로 독자의 상상력을 자극하며, 정서적 몰입 감을 높인다.

두 번째 연에서는 기억과 만남, 그리고 상실을 극복하려는 여정이 전개된다. "기다림 끝에 만난 벗", "슬픈 아픔을 잊고"라는 구절은 어쩌면 엄마와 함께 걸었던 과거의 시간, 혹은 엄마를 닮은 누군가와의 회복적인 순간일 수 있다. 이 부분은 과거와 현재, 기억과 현실이 중첩되는 시점으로, 시인의 감정이 내면적으로 가장 깊이 드러나는 부분이다.

세 번째 연에서는 **바람이 전하는 '엄마의 목소리'**가 등장한다. 자연은 정지된 배경이 아니라, 엄마와의 정서적 연결 고리로 작용한다. 바람은 향기를 품고, 바다는 목소리를 전하고, 물보라는 눈물보다 먼저 다가온다. 이 연은 특히 감정의 정점을 향해 가는 중요한 전환점이다. 슬픔이 있지만 그보다 앞서는 따뜻함이 있어, 독자에게 위로의 감정을 전한다.

마지막 연은 시의 절정이자 결론이다. 엄마의 존재는 '봄' 그 자체로 환원된다. "꽃보다 먼저 다가오는 당신 / 엄마의 봄"이라는 구절은 이 시의 핵심 메시지를 담고 있으며, 어머니라는 존재가 계절의 시작이자 삶의 회복이라

---

7) 우리나라의 동서남북을 잇는 코리아둘레길의 동해안 구간으로, 부산 오륙도 해맞이공원에서 강원 고성 통일전망대까지 이르는 750km의 걷기 여행길이다.

는 점을 은유적으로 표현한다. 봄의 따뜻한 생명력은 어머니의 사랑과 닮아 있으며, 이는 생을 끌어안는 힘으로서 시적 자아에게 깊은 위안을 준다.

결론적으로, 「엄마의 봄」은 계절의 변화 속에 담긴 인간의 정서, 특히 그리움과 회복, 그리고 어머니에 대한 사랑을 섬세하게 그려낸 시이다. 자연 묘사와 감정이 조화를 이루며, 감상자에게 따뜻한 울림과 잔잔한 위로를 선사하는 작품이다. 어머니를 그리는 누구나의 마음에 깊이 스며드는, 보편성과 개별성이 조화된 아름다운 서정시다.

서사시 「조조[8]가 없는 세상, 평화가 왔는가?」는 중국 삼국시대의 대표적인 인물 조조를 중심으로 한 인간, 권력, 그리고 평화에 대한 철학적 성찰을 담은 작품이다. 이 시는 전통적인 영웅 서사시 형식을 따르면서도 현대적인 질문을 던짐으로써, 고대의 역사 인물을 통해 현재를 되비추는 구조적 깊이와 문제의식을 지닌다.

---

8) 자(字)는 맹덕(孟德), 아명(兒名)은 아만(阿瞞)·길리(吉利)이다. 패국(沛國) 초현(譙縣, 지금의 安徽省 毫州市) 사람으로 후한 헌제(獻帝, 재위 189~220) 때에 승상(丞相)을 지냈으며, 위왕(魏王)으로 봉해졌다. 아들인 조비(曹丕)가 위나라 황제의 지위에 오른 뒤에는 무황제(武皇帝)로 추존되었다.

시의 구성은 '서장'과 '제1~3장', '종장'으로 나뉘며, 서사 구조를 뚜렷하게 드러내고 있다. 이는 단순한 인물 묘사가 아니라, 한 영웅의 생애를 역사적, 정치적, 철학적 맥락에서 다각도로 조명하려는 시인의 의도를 반영한다.

서장에서는 조조가 등장하기 전의 세계가 묘사된다. 겉으로는 고요하나 실상은 분열된 세상, 권력 없이 살아가는 백성들의 고달픔이 담담하게 그려진다. 이 대목은 조조의 등장을 절대 악이나 절대 선이 아닌, 혼란의 시대에 등장한 '필연' 혹은 '문명의 조건'으로 제시하고 있다.

제1장 '난세의 칼날'에서는 조조의 초기 생애와 황건적 토벌, 헌제 옹립 등의 정치 행보가 소개된다. 이 과정에서 시인은 조조를 '충신인가, 야망의 화신인가'라는 이중적 시선으로 조명하며, 권력과 윤리의 경계에 선 정치가의 복합성을 탐색한다. 조조는 단순한 폭군이 아니라, '법'을 세우기 위한 '칼'을 든 인물로 묘사되며, 그의 행위에 대한 도덕적 평가는 독자에게 넘긴다.

제2장 '천하를 향한 꿈'은 조조의 절정기를 묘사하며, 그가 펼친 정치, 군사적 수완이 강조된다. 관도대전, 인재등용, 심리전의 기술, 적벽대전 등 역사의 주요 장면들이 시적 언어로 재구성되어 드라마틱한 긴장감을 유발한다. 특히 적벽에서의 패배는 조조가 인간적 한계를 지닌 존재임을 드러내며, 서사에 비극적 깊이를 더한다.

제3장 '마지막 황혼'은 권력자의 외로움과 문인으

로서의 조조를 조명한다. '칼과 시를 함께 품은 자', '문학의 별'이라는 표현은 조조를 단순한 정치인이 아닌 복합적 문화인물로 묘사한다. 이는 전형적인 영웅 상을 넘어서는 입체적 인물상으로, 독자의 평가를 유도하는 시인의 전략이다.

마지막 **종장 '조조가 없는 세상'**에서는 시의 핵심 질문이 제기된다. "조조가 없다고 세상의 평화는 왔는가?" 이 물음은 단순히 과거의 역사에 대한 회고가 아니라, 오늘날의 사회에 던지는 보편적 질문이다. 권력은 악인가, 질서를 만드는 도구인가. 평화는 단순한 무력의 부재인가, 정의로운 통치의 산물인가. 이 시는 그러한 철학적 고뇌를 문학적 형식으로 승화시킨 작품이다.

결론적으로, 「조조가 없는 세상, 평화가 왔는가?」는 역사와 철학, 시학이 교차하는 수준 높은 서사시로, 독자에게 권력과 정의, 인간의 야망과 문명의 조건에 대해 성찰하게 한다. 고전 서사의 현대적 재해석이라는 측면에서도 문학적 가치가 크다.

「대한민국 아라리」는 전통 민요 아리랑의 정서를 현대적 감수성과 결합하여, 분단의 아픔과 그리움, 민족적 정체성을 노래한 서정적인 작품이다. 이 시는 단순히 임을 그리는 개인의 감정을 넘어, 민족 전체가 겪은 이산과 기다림, 그리움과 희망을 집약한 상징적인 작품으로 평가

할 수 있다.

시의 구조는 전통 아리랑 형식을 충실히 따르고 있다. 각 연의 끝마다 되풀이되는 "아리랑 아리랑 아라리요 / 아라리 고개로 넘어간다"는 후렴구는 반복을 통해 독자의 감정적 공명을 이끌어내며, 한恨의 정서를 더욱 짙게 표현한다. 이 반복은 민요적 운율과 함께 시 전체의 통일성과 정서를 이끌어가는 핵심 화법이다.

내용적으로는 백두산에서 마라도까지, 동해의 독도에서 서해의 백령도에 이르기까지 대한민국 전역의 자연과 지명을 포괄한다. 이는 단순한 공간의 나열이 아니라, 민족의 터전을 상징적으로 연결함으로써 '한반도의 전역이 그리움의 무대'임을 보여준다. 각 지명에 피는 꽃과 흐르는 강, 울어대는 새소리 등은 모두 '임'에 대한 기다림을 상징하며, 지역마다 서로 다른 표정을 지닌 자연이지만 하나의 감정으로 응집된다.

'떠나간 임', '소식 없는 임', '정 주고 떠난 임', '야속한 임' 등으로 반복적으로 표현되는 '임'은 단순한 연인을 넘어서, 실향민이 된 가족, 전쟁으로 헤어진 민족의 구성원, 또는 이상과 희망의 상징으로 해석될 수 있다. 이처럼 시인은 전통적인 사랑노래의 구조를 차용하되, 그 안에 민족적 아픔과 통일에 대한 염원을 은유적으로 담아낸다.

마지막 연의 "임이여, 임이여 어디로 갔는지"라는 절규는 시 전체의 정서를 응축한 절정이다. 산천은 여전히 아름답고 강물은 흐르지만, 그 아름다움 속에서 결핍과 상실의 감정이 더욱 선명하게 드러난다. 결국 "오늘도 노래가 되어 부르네."라는 구절은 '한'을 예술로 승화시키는 민족 정서의 강인함을 상징한다.

이 시는 민요의 리듬과 운율을 활용해 한민족의 감정을 예술적으로 재현하는 동시에, 분단의 현실과 평화에 대한 염원을 섬세하게 그려낸다. 전통과 현대, 개인과 민족, 자연과 감정이 어우러진 이 시는 대한민국의 정체성을 노래하는 현대 민족 서정시의 훌륭한 예다.

시 「아, 그랜드 캐니언[9]」은 자연의 위대함과 장엄함을 찬미하는 경외의 서사시로, 그랜드 캐니언이라는 특정 지형을 통해 대자연이 지닌 시간의 깊이와 신성함을 극적으로 형상화한 작품이다. 이 시는 단순한 풍경 묘사를 넘어서, 자연을 하나의 '성스러운 존재'로 바라보며 인간의 겸허함과 감탄을 시적 언어로 승화시키고 있다.

첫 연에서는 그랜드 캐니언을 '억겁의 혼', '신이 빚은 불가사의', **'태초의 손길'**이라 묘사함으로써, 그곳이 단순한 자연 지형이 아니라 '신성한 유산'임을 강조한다.

---

9) 20억 년 전에 생성된 것으로 추정되는 유네스코 자연유산 그랜드캐니언.
  20억 년 전에 생성된 것으로 추정되는 유네스코 자연유산이다.

시간과 바람, 물이 함께 빚어낸 "신비의 벽"과 "수억 년의 빛"이라는 표현은 이 대협곡이 지닌 지질학적 깊이와 역사성을 잘 드러내며, 시인은 마치 지구 자체의 기억을 시각적으로 전하고 있다.

두 번째 연에서는 콜로라도 강[10], 바위, 절벽, 협곡 등 구체적인 자연 요소를 열거하면서 '조화'라는 키워드를 중심으로 경관의 시각적 충격을 강조한다. 특히 "깎아지른 절벽"과 "다채로운 빛깔의 바위"는 자연이 만든 예술 작품이라는 이미지로 승화되며, 감상의 절정을 유도한다.

세 번째 연에 이르면 시인은 감상의 대상을 넘어, **그랜드 캐니언과의 만남을 하나의 '경험'**으로 승화시킨다. "신이 선택한 자만이 갈 수 있고 / 자연이 허락해야만 볼 수 있는 곳"이라는 표현은 단순한 여행지가 아닌, 일종의 성지순례로서의 상징성을 부여한다. 자연이 인간에게 내어주는 장관은 누구나 경험할 수 있는 것이 아니라, '자연이 허락해야만 가능한 일'로 묘사되며, 자연에 대한 겸허한 시선을 유도한다.

---

10) 길이 약 2,330km. 유역면적 약 63만㎢. 콜로라도주(州) 북부의 로키 산맥에서 발원하여 콜로라도주·유타주·애리조나주·네바다주·캘리포니아주를 거쳐 멕시코령 캘리포니아만灣으로 흘러든다. 와이오밍주에서 흘러내리는 그린강, 뉴멕시코주에서 흘러오는 샌환강의 물을 모아 그랜드 캐니언 대협곡을 만든다.

마지막 연에서는 **그랜드 캐니언을 '황홀한 지구', '천상의 세계', '죽기 전에 가봐야 할 곳 1위'**로 명명하며, 인간이 경험할 수 있는 최고의 경이로움으로 마무리된다. 이는 단순한 찬양을 넘어서, 현대인들에게 자연의 위대함을 다시 한 번 일깨우는 메시지로 읽힌다.

전체적으로 「아, 그랜드 캐니언!」은 자연의 위대함과 장엄함을 찬미하는 데서 끝나지 않고, 인간과 자연의 관계, 시간의 경외, 존재의 미학까지 아우르는 시적 사유가 돋보이는 작품이다. 현대사회 속에서 점점 희미해지는 자연에 대한 감탄과 겸허함을 회복시키는, 감각적이면서도 사색적인 시라 할 수 있다.

시 **「한국 축구」**는 스포츠, 특히 축구라는 소재를 중심으로 한국인의 투혼, 공동체 의식, 그리고 감동의 역사를 서사적으로 풀어낸 작품이다. 단순한 경기의 묘사를 넘어, 축구를 통해 민족적 정체성과 영웅주의, 그리고 세대 간의 감정적 연대를 시적으로 형상화한 이 작품은 일종의 '민족적 영웅서사시'로 읽힌다.

첫 연은 휘슬 소리와 함께 **'열한 명의 영웅'**이 등장하면서 시작된다. 시인은 축구 선수를 단순한 운동선수가 아닌, 조국과 가족을 위해 뛰는 전사로 묘사하며, 경기장을 하나의 '전장'이자 '시詩의 무대'로 그린다. '날개 없이도 날아오르며'라는 표현은 인간의 한계를 뛰어넘는 도전과 투혼을 상징하고, "심장의 고동처럼 엮어내는 서사"는 축구가 하나의 집단 서사로 기능함을 의미한다.

이어지는 연에서는 어린 시절 운동장에서 축구를 하며 꿈을 키운 시간이 묘사된다. '찢긴 무릎', '붕대 감은 머리'는 고통과 노력의 흔적을 상징하며, 그 속에서도 포기란 단어는 없었던 시절의 진한 감정을 불러일으킨다. 이는 한국 축구가 개인의 노력뿐 아니라 민족의 역경과 재건의 상징으로 기능함을 보여주는 장치이다.

특히 "2002년 대한민국 월드컵 4강[11] 진출의 위대한 역사"는 이 시의 핵심적인 기억이자 감정적 절정을 이룬다. 이 사건은 단순한 스포츠 이벤트가 아닌, 국가적 자존감을 끌어올린 국민적 신화로 자리하며, "붉은 물결", "신화는 계속 된다"는 표현을 통해 오늘날까지 이어지는 그 감동의 지속성을 강조한다.

경기 규칙의 상징인 "노란빛 경고"와 "붉은 퇴장"마저도 포기를 모르는 정신을 드러내며, 축구는 단순한 승부가 아닌 인간성의 시험대로 묘사된다. 시는 축구의 규칙

---

[11] 2002년 6월 벌어진 한일월드컵축구대회에서 한국의 축구대표팀이 7전 3승 2무 2패라는 뛰어난 성적으로 오랜 숙원인 16강 진입을 넘어 4강에 오른 것을 말한다. 한국의 4강 진입은 '유럽과 라틴아메리카 외의 지역은 8강이 한계'라는 세계 축구계의 통념을 바꾸었으며, 한국 축구는 물론 아시아의 축구, 제3세계의 축구 위상을 새로 정립하게 하였다.

성과 윤리성도 강조하며, '정직하고 열정적인 경연장'이라는 표현은 스포츠 정신의 순수성을 드러낸다.

마지막 연에서는 시간의 흐름과 세대교체가 언급되며, 축구는 시대를 초월해 이어지는 감동의 연대기로 묘사된다. "단순한 스포츠가 아니고 / 우리가 함께 노래할 수 있는 / 영웅의 이야기"라는 대목은 축구가 한국인에게 주는 문화적, 정서적 위상을 요약한 말이다.

결론적으로, 「한국 축구」는 단순한 스포츠를 넘어 국민감정, 민족서사, 공동체의 정체성을 노래한 시이다. 투지와 감동, 희망과 단결이라는 가치들이 녹아 있으며, 이는 한국 사회가 공유하는 감정의 공감을 문학적으로 잘 형상화한 작품이다.

대한민국 아리랑의 원류는 정선아리랑이 효시이며, 구전으로 전승되고 재창조되어 온 한국의 전통 민요이다. 「정선아리랑」은 원래 「아라리」로 일컬어지던 노래이다. 아라리는 전해오면서 창, 민요, 가요, 뮤지컬 등 다양하게 전해 내려오고 있지만 현대적인 시인은 아라리 시인 구암[12] 龜巖 심승섭(사도요한)이 처음이다. 정선의 아름다움과 아라리의 전통을 현대적인 시로 표현하고 고향의 문화적인 유산을 널리 알리고 있다.

---

12) 거북이 형상의 거북바위, 강원도 정선군 화암리 화암팔경 중 2경

전통 시, 현대 시, 세계여행, 인물 등 다양한 시를 쓰고 있고 테시형(테니스 치는 시인)으로 생활체육에서 축구, 골프, 테니스 등 운동하는 팔방미인으로 시를 쓰는 무지개와 같은 시인이다.

오랜 세월 공직과 기업에서 인고의 세월을 거친 시인이 부단한 노력과 삶의 성찰을 통하여 더욱 멋진 글을 표현하고, 독자들과 소통하여 한국 문단의 대표 시인이 되기를 바라면서 진심으로 생애 첫 시집 출간을 축하합니다.

※ 주석(01번~12번) 출처: 네이버(지식백과)